Lieblingsplätze
NORDSEE
SCHLESWIG-HOLSTEIN

Lieblingsplätze

NORDSEE SCHLESWIG-HOLSTEIN

GMEINER

LARK / WEILER / WILKEN / SIEMS

Die Autorinnen, Autor und Verlag haben alle Informationen geprüft. Gleichwohl ändern sich Gegebenheiten, daher erfolgen alle Angaben ohne Gewähr. Möchten Sie ein Feedback geben, senden Sie dies bitte an: lieblingsplaetze@gmeiner-verlag.de

Aus Gründen der Lesbarkeit und Sprachästhetik wird in diesem Buch das generische Maskulinum verwendet. Mit der grammatischen Form sind ausdrücklich weibliche sowie alle anderen Geschlechtsidentitäten mit berücksichtigt, insofern dies durch die Aussage geboten ist.

QR-Code einscannen und kostenloses E-Book anfordern.

Besuchen Sie uns im Internet:
www.gmeiner-verlag.de

1. Auflage 2023

Im Ehnried 5, 88605 Meßkirch
Telefon 07575/2095-0
info@gmeiner-verlag.de

Lektorat/Redaktion: Ricarda Dück
Herstellung: Julia Franze
Bildbearbeitung/Umschlaggestaltung: Susanne Lutz
unter Verwendung der Illustrationen von © SylwiaNowik, SimpleLine, jan stopka, eyewave, metelsky25 – stock.adobe.com; © Susanne Lutz
Druck: AZ Druck und Datentechnik GmbH, Kempten
Printed in Germany
ISBN 978-3-8392-0381-1

DITHMARSCHEN

VON EIDERSTEDT BIS NORDFRIESLAND

NORDFRIESISCHE INSELN UND HALLIGEN

DITHMARSCHEN

Baden außerhalb
der Badegrenze
auf eigene Gefahr
starke Strömung!

1

Radtour am Nord-Ostsee-Kanal
Startpunkt: Kanalfähre Ostermoor
Fritz-Staiger-Straße 2
25541 Brunsbüttel

Kerzenhof
Judenstraße 10
25725 Schafstedt
04805 304
www.kerzenhof-dithmarschen.de

ENTLANG DER WASSERSTRASSE

Radtour am Nord-Ostsee-Kanal

Die wohl meist befahrene künstliche Seeschifffahrtsstraße der Welt durchschneidet Schleswig-Holstein von West nach Ost. Acht Stunden braucht ein Schiff bei einer Geschwindigkeit von maximal 15 Kilometern pro Stunde, um vom einen zum anderen Meer zu gelangen. Der Nord-Ostsee-Kanal zwischen Brunsbüttel und Kiel existiert seit 1895 und wurde mehrfach erweitert. Begegnen sich zwei große Kähne, geben die von Dalben gekennzeichneten Weichen ihnen Ausweichmöglichkeiten.

Der Kanal wird von flachen Betriebswegen gesäumt, die bei Radwanderern sehr beliebt sind. Selten fährt ein Auto vorbei, dafür ist das Wasser ständiger Begleiter. Möchten Sie die gesamten rund 100 Kilometer mit dem Rad abfahren oder sich Zeit für die Erlebnisse im Hinterland nehmen, sollten Sie für die Tour eine Woche einberechnen. Tipps für Übernachtungsmöglichkeiten, Gastronomie und Ladestationen sind zum Beispiel bei der *Touristischen Arbeitsgemeinschaft NOK* zu finden, die auch Gepäck-, Personen- und Fahrradtransfers vermittelt.

Wir entscheiden uns für die Dithmarscher Etappe bis Hohenhörn und starten am Parkplatz der Kanalfähre Ostermoor hinter Brunsbüttel. Bei Kudensee könnten wir die Seiten via Fähre wechseln. Ufer-Hopping also, und das kostenfrei. Bei Burg können wir erneut übersetzen, denn auf der linken Seite wartet das *Burger Fährhaus* mit Speis, Trank und Kanalblick. Auf dem Wasser tummeln sich kleine Segler, Frachtkähne und Containerschiffe neben uns. Oder gar schwimmende Kleinstädte, die abends leuchten, die Luxusliner.

Doch nur am Kanal zu bleiben, wäre fast zu schade. Es lohnt sich, hin und wieder vom Plattenweg abzubiegen und die Gegend zu erkunden. Wer auf der linken Seite bleibt, kann das Naturschutzgebiet am Kudensee besuchen. Zeit abzusteigen, durchzuatmen und zu entschleunigen, die beste Gelegenheit für einen Vogelkiek. Von der Aussichtsplattform lassen sich mit etwas Glück Haubentaucher, Rohrdommeln und Kiebitze beobachten.

Von Hohenhörn lohnt sich ein Abstecher nach Schafstedt. Das reetgedeckte und rundherum gemütliche Landcafé Kerzenhof lockt mit Kaffee und köstlichem Kuchen.

2

Schleusenmeile Brunsbüttel
Gustav-Meyer-Platz
25541 Brunsbüttel
www.schleusenmeile-brunsbuettel.de

Touristische Arbeitsgemeinschaft Nord-Ostsee-Kanal e.V.
Jungfernstieg 2
24768 Rendsburg
www.nok-romantika.de

DEN GROSSEN GANZ NAH

Schleusenmeile

Torsten ist seit seiner Kindheit von Schiffen begeistert. Daher gehört es für ihn einfach dazu, im Urlaub auch den Schleusen in Brunsbüttel einen Besuch abzustatten. Und jedes Mal aufs Neue ist er von den großen Schiffen fasziniert, die auf ihrer Fahrt durch den Nord-Ostsee-Kanal dieses technische Meisterwerk passieren müssen.

Genau wie Torsten sind viele kleine wie große Besucher vom Vorgang des Schleusens beeindruckt, bei dem die wechselnden Wasserstände der Elbe dem konstanten Wasserspiegel des Kanals angeglichen werden. Das geschieht mittels zweier Anlagen mit je zwei Kammern: den 1895 eröffneten Alten Schleusen und den von 1909 bis 1914 erbauten Neuen Schleusen.

Beide Bauwerke sind technische Meisterleistungen ihrer Zeit. Die Kammern der älteren Anlage haben eine nutzbare Länge von 125 Metern und eine Breite von 22 Metern, die Zeit zum Angleichen der Wasserstände beträgt etwa 30 Minuten. Mehr als doppelt so groß sind die Neuen Schleusen: Die Kammern sind 310 Meter lang und 42 Meter breit. Hier haben die Schiffe etwa 45 Minuten zu verweilen, bis sich die Wasserstände angepasst haben.

Von zwei Aussichtsplattformen und einem gesicherten Weg aus können Besucher die großen Pötte aus nächster Nähe betrachten. Die Anlage ist täglich von Sonnenaufgang bis Sonnenuntergang zu besichtigen. In enger Verbindung mit dem Bau der großen fünften Schleusenkammer wurde das Umfeld des beliebten Ausflugsziels weiterentwickelt. Direkt an der Promenade können Kinder auf einem maritimen Erlebnisspielplatz spielerisch lernen, wie Schleusen funktionieren. Ein elektronischer Schleusenradar zeigt zudem in Echtzeit die Schiffe, die auf dem Nord-Ostsee-Kanal und auf der Elbe unterwegs sind. Führungen umfassen den exklusiven Eintritt in das Schleuseninfozentrum, in dem mittels moderner Medien über den Bau der fünften Schleuse berichtet wird.

Besuchen Sie die *NOK-Romantika,* das große Lichterfest entlang des Nord-Ostsee-Kanals, das jedes Jahr am ersten Sonnabend im September mit einem vielfältigen Programm gefeiert wird.

Hafen Neufeld
Op'n Diek
25724 Neufeld

Restaurant-Café
Alice Heimathafen
Op'n Diek 5
25724 Neufeld
04851 9567380
www.alice-heimathafen.de

DAS EINSTIGE FISCHERDORF

Hafen

Manche Orte schleichen sich auf Anhieb ins Herz. Sie verleiten dazu, tief einzuatmen und innezuhalten. Das kleine Neufeld in Dithmarschen ist solch ein Ort. Das Aufregendste hier ist, am Wasser zu sitzen und in die Ferne zu blinzeln. Denn die 600-Seelen-Gemeinde verfügt über einen Hafen, der für das einst an der Nordsee gelegene Fischerdorf von Bedeutung war.

Die Elbe fließt in Sichtweite, was vor allem an den dicken Pötten auszumachen ist, die entweder Kurs auf die Nordsee oder auf Brunsbüttel und den Nord-Ostsee-Kanal nehmen. So meditiert man vor sich hin und genießt ein Fischbrötchen, frisch erstanden im *Alice Heimathafen* auf dem Deich. Oder man lässt sich gleich auf der großen Terrasse des Lokals nieder, wo ein Plätzchen im Schatten und ein Brot mit frischen, im Koog gepulten Krabben warten. Von diesem leicht erhöhten Punkt ändert sich die Perspektive.

In Neufeld liegen ein paar Häuser auf dem Wall, was bei den Küstenschutzarbeiten gewisse Schwierigkeiten aufwarf. Um die Gebäude zu sichern, wurden auf dem Deich flankierende Mauern errichtet, eine absolute Seltenheit. Bei Sturmflut eröffnet sich von diesem Standpunkt aus sicherlich der beste Blick. Zum Glück liegen heute ein paar hundert Meter Land zwischen See, Fluss und Ort.

Während nebenan die Schafe munter blöken und Gras rupfen, drehen Windräder langsame Runden. Unwillkürlich reift der Gedanke, zur vollständigen Idylle fehle eine alte Windmühle. Doch die gibt es, sie steht nur ein Stück weiter auf dem Püttenweg, die Mühle Immanuel. Ein Künstler nutzt sie als Ausstellungsraum. Warum nicht mit dem Rad hinfahren oder am Deich entlang nach Brunsbüttel, flache neun Kilometer? Oder bleiben. Nichts tun. Dafür ist Neufeld wie geschaffen.

Dreht man sich gen Westen, wo die Schiffe hinaus aufs Meer ziehen, verwandeln sich Deich und Hafen zum perfekten Punkt für einen stimmungsvollen Sonnenuntergang an lauen Sommerabenden.

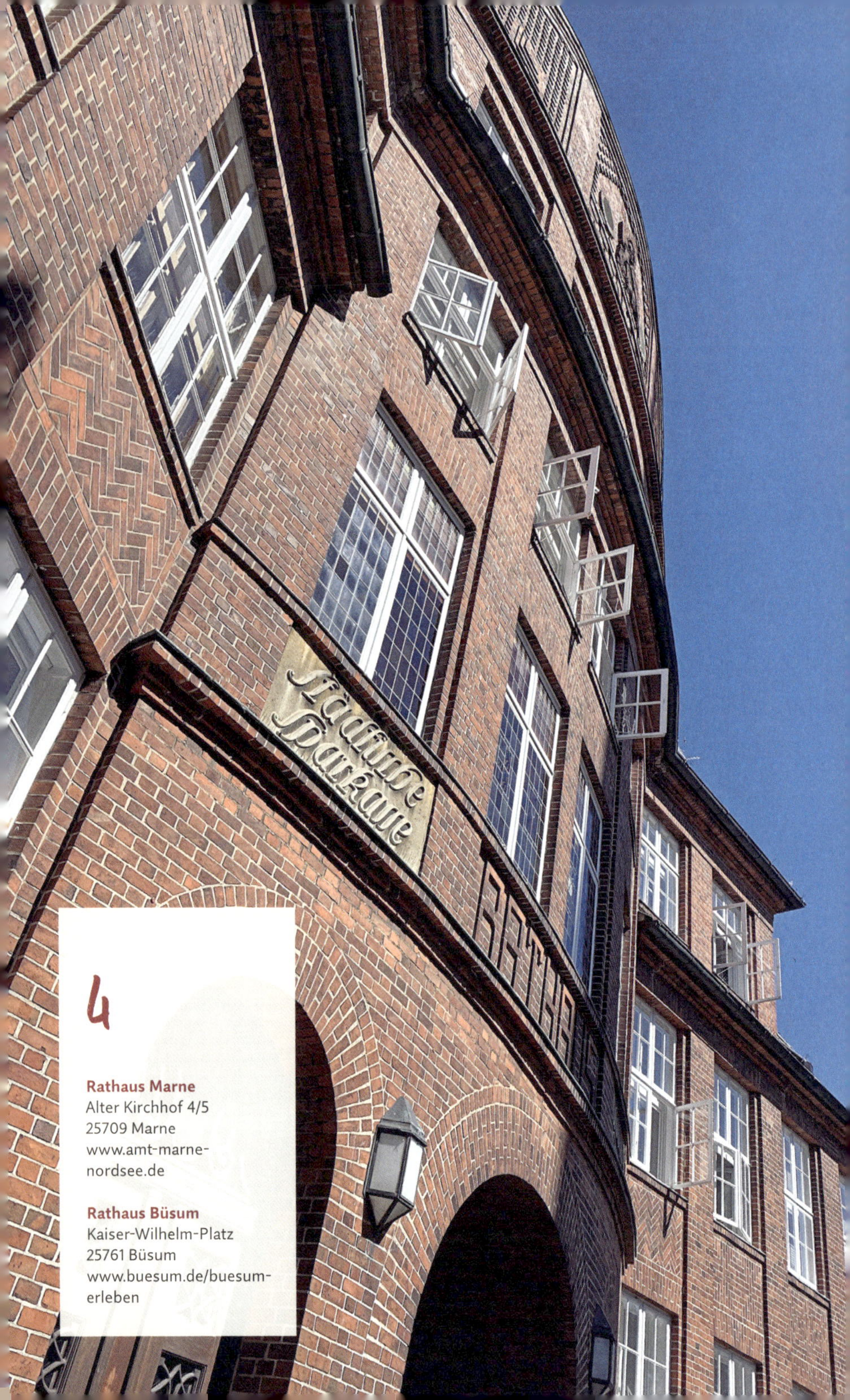

4

Rathaus Marne
Alter Kirchhof 4/5
25709 Marne
www.amt-marne-nordsee.de

Rathaus Büsum
Kaiser-Wilhelm-Platz
25761 Büsum
www.buesum.de/buesum-erleben

DIE SCHWINGENDE FASSADE

Rathaus

Ein Gebäude wie ein überdimensioniertes Tor: Das Rathaus von Marne hat eine verbindende Funktion. Man gelangt durch seinen halbrunden Durchgang von der Mittelstraße zum Alten Kirchhof. Das verleiht dem Backsteinbau von 1915 eine gewisse Leichtigkeit, zu der auch das Schwingen des Gebäudes gen Osten in konkav-konvexer Form beiträgt. Eine außergewöhnliche Architektur, die einer genaueren Betrachtung lohnt. Allein die Spannung der Wölbungen zwischen der Mitte und den Seiten erinnert an Francesco Borromini, der im barocken Italien plastische Architekturen schuf. Der Gedanke bewegter Baukunst, übersetzt in eine andere Zeit, an einen anderen Ort. Für das Marner wie für das Büsumer Rathaus zeichnet der leider früh verstorbene Architekt Carl Mannhardt (1875–1918) verantwortlich. Seine Handschrift ist bei beiden Gebäuden zu erkennen.

In Marne wie Büsum fallen die freien halbrunden Giebel ins Auge. Und bei der Büsumer Fassade wirkt die Wölbung des Mittelteils, als hätte Mannhardt sich selbst zitiert. Eindeutig war er dem Jugendstil zugetan, davon zeugen beide Bauwerke. Mannhardt betonte eine hohe Taktung der Fensteröffnungen, was bereits auf den Backstein-Expressionismus der 1920er-Jahre hinweist, ebenso wie die Lebhaftigkeit der Fassaden. Dabei unterscheiden sich die Gestaltungselemente der Vorder- und Rückseite in Marne sehr. Während die Fassade zur Mittelstraße bis hin zu den Hauben auf Vielfalt setzt, öffnet die der Kirche zugewandte Seite den Platz und verleiht ihm durch ihren Schwung eine Art Energie. Hier findet der Wochenmarkt statt, im Herzen der Stadt.

1891 erhielt Marne die Stadtrechte, gewiss zeugen die Anfang des 20. Jahrhunderts errichtete Maria-Magdalena-Kirche und das Rathaus im Stile des aufstrebenden Architekten von jenem Selbstbewusstsein.

Neben den Ämtern beherbergt das Marner Rathaus Truhen, Schränke und Bilder aus den Zeiten, als die Dithmarscher Bauern zu Wohlstand gekommen waren. Besuchen Sie auch das Rathaus in Büsum und lassen Sie Mannhardts Architektur auf sich wirken.

5

Bismarckstein
Hopen
25693 St. Michaelisdonn

AUF DEM HOPER KLEVE

Bismarckstein

Hoch über einem Tal steht bei St. Michaelisdonn ein riesiger Findling, der Donner Bismarckstein. Sein Durchmesser beträgt zwei Meter, er ist dreieinhalb Meter groß und beeindruckende 25 Tonnen schwer.

Man stieß auf ihn bei Arbeiten zum Bau des Nord-Ostsee-Kanals und wollte ihn für Fundamentmaterial sprengen – jedoch ohne Erfolg. Im Jahr von Bismarcks 100. Geburtstag errichtete man diesen Koloss in seinem Gedenken auf dem *Hoper Kleve*, dem Hoper »Kliff«. Das war allerdings kein leichtes Unterfangen. Zunächst mit Schiff und Bahn transportiert, wuchtete man ihn die letzte stramm bergauf führende Strecke mit einer Handwinde auf eingeseiften Bohlen hinauf. Ein wahrer Kraftakt!

Steil ist der Weg, weil nach der letzten Eiszeit an der Stelle ein Kliff entstanden war. Der Meeresspiegel stieg so hoch, dass die Brandung gegen die Altmoränen lief, die nach dem Abschmelzen der Eisschilde zurückgeblieben waren. Das Material, das die Wellen von den Steilküsten abrissen, verteilte sich als Nehrungshaken vor dem Kliff und drängte das Meer zunehmend zurück. Noch heute überrascht es, wenn man in dieser Gegend von der Geest in die Marsch fährt, dass man starke Gefälle überwinden muss. Die Wälle dieser Nehrungshaken werden »Donn« genannt, daher die Namen der Ortschaften Hochdonn und St. Michaelisdonn, in dessen unmittelbarer Nachbarschaft der Bismarckstein auf dem *Hoper Kleve* steht. Als er aufgestellt wurde, bestand in dieser Gegend noch kein Wald. Heute muss man durch Äste und Blätter hindurchschauen, um den Blick in das Tal am Fuße des Kleves genießen zu können.

Dass man auf die Idee kam, den großen Findling zu Ehren des »Eisernen Kanzlers« an diesem erhabenen Standort zu errichten, kann man nachvollziehen. Da oben auf dem Kleve thront er nun, der Stein, der sich nicht hatte sprengen lassen.

Das *Hoper Kleve* ist ein Naturschutzgebiet. Ein Rundwanderweg von vier Kilometern führt über das Kliff durch den lichten Eichenmischwald, der für trockenen Geestboden typisch ist.

6

Burger Waldmuseum
Waldstraße 141
25712 Burg (Dithmarschen)
04825 2985
www.burger-
waldmuseum.de

ZWISCHEN MARSCH UND GEEST

Waldmuseum

Die schönsten Entdeckungen macht man, wenn man gar nicht damit rechnet. Wir sind schon fast an der Abzweigung vorbeigefahren, als uns ein Wegweiser zum Waldmuseum auffällt. Wald? Wir sind doch in Dithmarschen, einem sehr forstarmen Landstrich! Burg aber liegt an der Grenze zwischen der Marsch und der Geest, und mit dem 66 Meter hohen Wulfsboom befindet sich in der Gegend die höchste Erhebung des südlichen Dithmarschens. Dort steht auch das Museum, untergebracht in einem Aussichtsturm, von dem man bis Cuxhaven blicken kann.

Die Überraschung macht nicht nur der Wald aus. Die Ausstellung selbst ist völlig anders, als wir erwartet haben. Uns schwebte ein Lehrpfad zwischen Baumstämmen vor. Wir finden uns jedoch zwischen Präparaten der unterschiedlichsten Tiere wieder, wie das Reh, das man oft in der Natur beobachten kann, aber auch den Dachs oder die Waldohreule, die sich selten zeigen. Sie erzählen uns von ihrem Leben im Forst, von der Aufzucht der Jungen und von der Jagd. Ein Ratespiel mit Geräuschen aus dem Wald lehrt uns, ihre Stimmen zu unterscheiden. Die Bäume stellen sich natürlich auch vor, und nun können wir endlich sagen, welcher Zapfen zu welchem Nadelholz gehört. Dazu vermitteln reich bebilderte Schautafeln Informationen zum Artenschutz, zur Nutzung des Waldes durch den Menschen und zur erdgeschichtlichen Entwicklung der Region.

Der Lehrpfad existiert auch, aber dieser ist entgegen unserer Vorstellung eine Walderlebnisroute mit Insektenhotel und Fledermausstation. Durch das Gehölz um Burg führen Spazierwege, die uns zu einem Eisvogelteich und einem prähistorischen Opferstein bringen. So viel haben wir entdecken können. Wie gut, dass wir unserem Instinkt und dem Schild an der kleinen Straße gefolgt sind.

Für Spiel und Spaß nach dem Aneignen von Wissen sorgt gleich neben dem Museum ein großer Waldspielplatz mit Kletterturm und Seilbahn.

7

Badestelle Klein-Westerland
Zur Holstenau
25712 Hochdonn

Campingplatz Klein-Westerland
Zur Holstenau 1
25712 Hochdonn
04825 2345
campingplatz-klein-westerland.de

PLANSCHEN IM SÜSSWASSER

Badestelle Klein-Westerland

Es ist schon lange her, als ich zum ersten Mal von Klein-Westerland hörte, einer Badestelle, die irgendwo am Nord-Ostsee-Kanal liegen sollte. Das machte mich neugierig, weil ich mir doch gar nichts darunter vorstellen konnte. Also machte ich mich damals auf den Weg, dieses ominöse Etwas ausfindig zu machen. Da ich nur eine vage Beschreibung hatte – und zu jener Zeit noch kein Navi –, war es nicht ganz einfach, die Stelle zu finden. Aber nach etwas längerem Suchen hatte ich Erfolg – und war positiv überrascht.

Natürlich befindet sich die Bademöglichkeit nicht direkt im Nord-Ostsee-Kanal, das wäre auch gar nicht erlaubt. Sie liegt vielmehr an einer kleinen Ausbuchtung der wichtigen internationalen Schifffahrtsstraße. Die idyllische, von Bäumen umstandene Badestelle mit feinkörnigem Sandstrand und Liegewiese befindet sich zwar weit genug vom Fahrwasser des Kanals entfernt, um ohne Gefährdung durch den Schiffsverkehr zu baden, und trotzdem kann man sommerliche Badefreuden genießen und gleichzeitig Containerschiffe, Frachter und Traumschiffe auf großer Fahrt beobachten.

Mit dem sanft abfallenden Ufer ist die naturbelassene Badestelle ideal für die gesamte Familie, für die großen Wasserratten ebenso wie für die kleinen. Da sie etwas abseits liegt und heute noch nicht leicht auszumachen ist, gilt die kleine Badebucht in Sichtweite der Hochdonner Eisenbahnhochbrücke als Insidertipp.

Die Zufahrt erfolgt von Hochdonn aus. Die Badebucht befindet sich in unmittelbarer Nähe zum Campingplatz Klein-Westerland, etwa einen Kilometer nördlich der Fähre Hochdonn. Für die Benutzung der Badestelle muss man keinen Eintritt bezahlen. Es gibt aber auch keine Badeaufsicht, die Wasserqualität dieser idyllisch gelegenen Badestelle wird allerdings regelmäßig überprüft.

Eis und erfrischende Getränke, Kaffee und Kuchen sowie kleine Gerichte sind in der nahe gelegenen Gaststätte des Campingplatzes Klein-Westerland erhältlich.

8

Dithmarscher Gänsemarkt
(April–Dezember)
Hauptstraße 1
25693 Gudendorf
04859 445
www.gaensemarkt.de

DAS GROSSE GESCHNATTER

Dithmarscher Gänsemarkt

Schnattervieh hat viel zu sagen. Es gilt als lautstark, sensibel, aufmerksam und treu. Je nach Jahreszeit werden die Gäste im Eingangsbereich des Dithmarscher Gänsemarkts vom Gössel oder seiner Familie begrüßt. Alle Räumlichkeiten sind mit nostalgischen Details vom Landleben ausgeschmückt, bis hin zum Traktor auf der Wiese und den zum Kinderkino umfunktionierten Bauwagen. Im Restaurant und Laden wird das ländliche Flair von einem Hauch Skandinavien ergänzt.

In vierter Generation setzt das Familienunternehmen Eskildsen-Anders auf die Dithmarscher Gans mit ihrem alten Stammbaum. Denn die Haltung des Geflügels hat in Dithmarschen Tradition, so wie die gemeinsame Deichpflege von Schafen und wachsamem Federvieh. Dafür arbeitet die Familie mit Vertragslandwirten und Schäfern zusammen, die ihre Küken kaufen. Die Junggänse verbringen dann ihr Leben mit ausreichend Platz auf den Weiden und ernähren sich frei von Antibiotika und gentechnisch verändertem Futter. Für den Gänsemarkt werden die Tiere nie lebend gerupft, was abgesehen von der persönlichen Ethik des Unternehmens in Deutschland verboten ist.

In der Markthalle wurden einst Eier verpackt, heute speisen Besucher dort regional und erstehen Spezialitäten wie Eierlikör, Geschirr und Deko-Artikel. In der angeschlossenen Daunenstube werden eigens hergestellte Bettdecken und Kissen mit den Daunen und Federn der Dithmarscher Tiere angeboten, auf Wunsch in Bio-Qualität. Martje Anders und ihr Team sind in der Nähe und beraten Interessenten gerne und ausführlich. Im Anschluss lässt es sich gemütlich im Gartencafé sitzen, während die Kinder den Spielplatz testen.

Der Gänsemarkt ist an bestimmten Tagen vom 1. April bis zum 23. Dezember geöffnet. Ab Oktober startet der *Weihnachtszauber* mit entsprechenden Gerichten auf der Karte und Adventsflair.

9

Seehundstation Friedrichskoog
An der Seeschleuse 4
25718 Friedrichskoog
04854 1372
www.seehundstation-friedrichskoog.de

Indoor-Spielpark Willi Wal
Am Hafen 10
25718 Friedrichskoog
04854 9098231
www.friedrichskoog-williwal.de

MIT ROBBEN AUF TUCHFÜHLUNG

Seehundstation Friedrichskoog

Hallo Robbie! – die beliebte von 2001 bis 2009 ausgestrahlte ZDF-Fernsehserie ist vielen Zuschauern noch in guter Erinnerung. Die Serie spielte zwar auf der Insel Rügen, doch große Teile der Aufnahmen wurden in der Seehundstation Friedrichskoog gedreht.

In der seit 1985 bestehenden Anlage können Besucher noch immer dieses spezielle *Hallo Robbie!*-Feeling erleben. Das ist den fünf Seehunden und den beiden Kegelrobben zu verdanken, die dauerhaft in der Station leben, da sie aus unterschiedlichen Gründen nicht ausgewildert werden konnten oder bereits in der Seehundstation geboren wurden. Zu sehen sind die beiden in der Nordsee vorkommenden Robbenarten in einem etwa 800 Quadratmeter großen naturnah gestalteten Becken. Zudem können die Tiere durch ein Unterwasserfenster auch beim Tauchen beobachtet werden. Ein besonderer Publikumsmagnet sind die täglichen Fütterungen der Tiere.

Die Seehundstation ist in Schleswig-Holstein die einzige autorisierte Aufnahmestelle für mutterlos aufgefundene junge Seehunde – die sogenannten Heuler. Sie werden in einem gesonderten, für Besucher nicht zugänglichen Bereich der Station aufgezogen und auf das spätere Aussetzen in der Nordsee vorbereitet. Die Jungtiere können aber durch Fenster, über Videokameras oder von einem 17 Meter hohen Aussichtsturm aus beobachtet werden.

Das Informationszentrum *Seehund* vermittelt Wissenswertes über die Biologie, die Gefährdungen und die Schutzmaßnahmen unserer heimischen Robbenarten und den anderen Meeressäugern des Wattenmeeres. Mit lebensgroßen Exponaten anderer Robbenarten ergänzt die Erlebnisausstellung *Robben der Welt* das Informationsangebot über diese beliebten Tiere. Abgerundet wird dieses durch Veranstaltungen, darunter Vorträge, Filmnachmittage und Aktionen für Kinder.

Die Seehundstation liegt unmittelbar am ehemaligen Fischereihafen. Eine Attraktion für Kinder ist der auf der anderen Hafenseite liegende Indoor-Spielepark *Willi Wal*.

10

Trischendamm
Ausgangspunkt:
Parkplatz Süderdeich
25718 Friedrichskoog

Tourismus-Service Friedrichskoog
Koogstraße 141
25718 Friedrichskoog
04854 219010
www.friedrichskoog.de

Ins Meer wandern

Trischendamm und Strand Friedrichskoog-Spitze

Ein wenig düster und bizarr ragt der steinerne Damm ins Watt hinaus. Fast wie auf einem surrealen Gemälde, denke ich oft, wenn ich mal wieder über den Trischendamm spaziere. Irgendwie passt dieses Bild in die Zeit des Baus. 1935 entstand das Küstenschutzbauwerk, das wie ein Stachel von Friedrichskoog-Spitze ins Wattenmeer hineinragt, um dann nach einer kurzen Biegung abrupt zu enden.

Der Damm wurde zum Schutz des 80 Jahre vorher eingedeichten Kooges errichtet, da dieser durch starke Strömungen bedroht war. Dem damaligen Zeitgeist entsprechend, sollte er ursprünglich sogar bis zur etwa zehn Kilometer entfernten Insel Trischen gebaut werden. Doch das Vorhaben erwies sich als undurchführbar. Der Plan wurde daher aufgegeben, die Arbeiten nach etwa zwei Kilometern eingestellt.

Ein Spaziergang auf dem Damm bietet daher heute die einzigartige Möglichkeit, auch bei Hochwasser trockenen Fußes direkt in die Nordsee hineinzuwandern. Am Ende des Dammes angekommen, liegt die Bohrplattform Mittelplate zum Greifen nah, und der Blick schweift ungehindert bis Büsum im Norden und weiter über die Elbmündung hinweg bis nach Cuxhaven.

Friedrichskoog-Spitze, der Strand des Urlaubsortes Friedrichskoog, liegt knapp fünf Kilometer westlich vom Ortszentrum. Mit fließenden Übergängen ist der 1,8 Kilometer lange Badestrand in fünf Abschnitte aufgeteilt: in den Aktiv- und Sportstrand, den Familienstrand, den Familienstrand mit Hund, den Hundestrand und den FKK-Strand. Das Besondere am Strand von Friedrichskoog-Spitze ist aber, dass er ohne Eintritt frei zugänglich ist. Auch Strandkörbe brauchen nicht vorab gemietet zu werden. Die Badegäste suchen sich vielmehr einfach einen aus und belegen ihn. Ein Mitarbeiter kommt dann vorbei und kassiert die Benutzungsgebühr.

Regelmäßig finden Wattexkursionen unter sachkundiger Führung statt. Und wer Lust hat, kann sich von einer Neptun-Taufe überraschen lassen.

11

Hallig Helmsand
Speicherkoog
Parkplatz Elpersbüttel
25704 Elpersbüttel

DAS PARADIES DER VÖGEL

Hallig Helmsand

Was viele nicht wissen: Auch in Dithmarschen gibt es eine Hallig. Doch ist sie auf den ersten Blick nicht unbedingt als solche zu erkennen. Helmsand dockte nämlich wie die Hamburger Hallig in Nordfriesland durch die Verlandung eines Damms ans Festland an. Zunächst legten die Küstenschützer Buhnen an, die den Bau des 1.500 Meter langen Damms im ersten Drittel des letzten Jahrhunderts erst möglich machten. Noch heute sind die Spuren einer Lorenbahn zu sehen, die von den Arbeitern genutzt wurde. Durch die Eindeichung des Speicherkoogs näherten sich die Hallig und das Festland zusätzlich einander an. Außer den Seevögeln hat wohl nie jemand auf Hallig Helmsand gelebt.

Rings um den Damm breiten sich Salzwiesen aus, wo das Land aufschlickte. Ein Paradies für Brutvögel. 150 Meter seewärts von der Deichkrone beginnt die Schutzzone 1. des Nationalparks. Gäste können sich auf Wunsch einer Führung anschließen. Dabei erfahren sie zum Beispiel, dass der Speicherkoog als Vordeichung angelegt wurde.

Von April bis Juli gehört die Hallig allein den Vögeln, es herrscht Brutzeit. Doch ein Spaziergang am Deich entlang vom gut drei Kilometer entfernten Parkplatz Elpersbüttel am Speicherkoog oder eine Radtour bis zur Beobachtungshütte auf der Salzwiese sind jederzeit möglich. Und wer möchte, kann dort picknicken.

Zunächst aber heißt es, mithilfe des Experten etwas über die Pflanzen der Salzwiese zu lernen. Haben Sie schon von Strandwermut gehört? Silbrig sieht der Korbblütler aus. Etwas herb im Geschmack, doch wird er von Sylter Topköchen neben Queller und Strandportulak gerne in der Küche verwendet. Was rosa blüht, ist meist Schuppenmiere, Grasnelke oder Tausendgüldenkraut. Gut erkennbar ist die lila blühende Stranddistel.

Verbinden Sie ein Picknick auf Helmsand mit einer Radtour. Von Meldorf den Elpersbütteler Deich ansteuern und rechts in den Mückenweg einbiegen. Von Friedrichskoog wären es zwölf Kilometer auf flacher Strecke am Seedeich entlang.

12

Meldorfer Dom
Nordermarkt 1
25704 Meldorf
04832 6740
www.kirche-meldorf.de
www.shmf.de

DER DOM DER DITHMARSCHER

Meldorfer Dom

Einmal juckte mir das Fell und ich habe ein paar Leute gefragt, ob sie wüssten, wo in Meldorf die St.-Johannis-Kirche sei. Fast immer bekam ich ein verneinendes Schulterzucken als Antwort. Alle kannten nur den Meldorfer Dom. Dabei handelt es sich um dieselbe Kirche – nur ist das eine der offizielle Name, den fast keiner kennt, und der andere der landläufig gebräuchliche. Denn aufgrund ihrer Größe und ihres prachtvollen Ausbaus wird die Meldorfer St.-Johannis-Kirche als »Dom der Dithmarscher« bezeichnet, obwohl sie nie der Sitz eines Bischofs war.

Die Meldorfer Kirche wurde zwischen 810 und 826 erbaut, als Dithmarschen in Folge der Schlacht bei Bornhöved im Jahr 798 an Karl den Großen fiel. Nach den damals gegründeten Gotteshäusern in Hamburg, Heiligenstedten und Schenefeld gilt der Meldorfer Bau als viertälteste Kirche im nordelbischen Raum. Das heutige Gebäude, das zu den bedeutendsten mittelalterlichen Kirchenbauten an der Westküste Schleswig-Holsteins zählt, wurde zwischen 1250 und 1300 als dreischiffige Basilika errichtet. Sein derzeitiges Gesicht erhielt der Dom in der zweiten Hälfte des 19. Jahrhunderts. Die mittelalterliche Architektur im Inneren ist im Wesentlichen original. Bemerkenswert sind die zum Teil gut erhaltenen Fresken, die noch aus der Gründungszeit stammen. Sie gelten als eines der bedeutendsten Zeugnisse mittelalterlicher Malerei im nördlichsten Bundesland.

Bei ihrer Errichtung stand die heute etwa acht Kilometer landeinwärts liegende Kirche nur wenige hundert Meter von der Küste entfernt und diente Seefahrern als weithin sichtbarer Orientierungspunkt. Und wie bei vielen alten Gemäuern ranken sich um den Dom einige Geschichten. So wird immer wieder gern erzählt, es solle einen geheimen unterirdischen Gang vom Kirchengebäude zum ehemaligen Dominikanerkloster gegeben haben. Doch dafür gibt es leider keine belastbaren Hinweise.

Der Meldorfer Dom ist Spielstätte erstklassiger Konzerte: der *Internationalen Sommerkonzerte,* des *Schleswig-Holsteinischen Sinfonieorchesters* oder des *Schleswig-Holstein Musikfestivals* (SHMF).

13

Dithmarscher Landesmuseum
Bütjestraße 2–4
25704 Meldorf
04832 6000613
www.landesmuseum-dithmarschen.de

EINE REISE IN DIE VERGANGENHEIT

Dithmarscher Landesmuseum

Ein Bahnhofsschild mit der Aufschrift »Nordhastedt«, ein alter Fahrkartenschalter und eine noch ältere Gepäckkarre. Da werden Erinnerungen wach. Die Gepäckkarre kenne ich zwar nicht mehr, das Bahnhofsschild und den Fahrkartenschalter aber umso besser.

Hier an diesem Schalter habe ich über Jahre hinweg meine Schülermonatskarte gekauft, von diesem Bahnhof bin ich in den Nachbarort zur Schule gefahren. Den Bahnhof gibt es nicht mehr, er ist einer einfachen Haltestelle gewichen. Das Schild und der Schalter gehören jetzt zu einem der Ensembles im Dithmarscher Landesmuseum in Meldorf. Die Ausstellung gewährt Einblicke in das Alltagsleben in der Region zwischen der Reichsgründung 1871 und den 1960er-Jahren – vom Einkaufen über den Friseur und Arztbesuch und der Schule bis zum Kino am Sonntag und dem Fernsehabend im heimischen Wohnzimmer der 1950er-Jahre.

So wecken auch der alte Kolonialwarenladen, der noch bis 1978 von Gertrud Möller in Albersdorf geführt wurde, die gemütliche Gastwirtschaft *Hamburger Hof* aus Tönning mit dem elektrischen Klavier und das fast heimelig wirkende Kino zahlreiche Erinnerungen und nostalgische Gefühle an die oft heraufbeschworene gute alte Zeit – Letztere sind aber spätestens beim Anblick des alten Operationssaals aus der ersten Hälfte des 20. Jahrhunderts schnell wieder verschwunden.

Beeindruckende Einzelobjekte, die über die Jahrhunderte hinweg aufbewahrt wurden, dokumentieren die Dithmarscher Geschichte von der ersten urkundlichen Erwähnung bis zur Mitte des 19. Jahrhunderts. In diesem Bereich wird auch das kostbare Erbe der Bauernrepublik Dithmarschen präsentiert. Aus der zweiten Hälfte des 16. Jahrhunderts stammt der Gerichtssaal des Landvogtes Markus Swin, das bedeutendste und wertvollste Exponat des 1872 gegründeten Museums.

In gesonderten Räumlichkeiten werden wechselnde Ausstellungen zu regional- und kulturhistorischen Themen sowie der bildenden Kunst präsentiert.

14

Steinzeitpark Dithmarschen
(April–Oktober)
Süderstraße 47
25767 Albersdorf
04835 971974
www.steinzeitpark-dithmarschen.de

ZEITSPRUNG

Steinzeitpark Dithmarschen

»Gestatten, ich bin Lotta, das Steinzeitmädchen. Folgt mir, dann zeige ich Euch, wie Eure Vorfahren vor 5.000 Jahren gelebt haben.«

Die Figur der kleinen Lotta führt spielerisch Kinder durch den Steinzeitpark Dithmarschen. Doch der Park macht nicht nur den Nachwuchs froh, er ist für Erwachsene ebenso interessant. 14 Bauten veranschaulichen den Alltag unserer Vorfahren. Einzelne Häuser, Gräber und Hütten aus Norddeutschland sind wieder aufgestellt worden mithilfe von Spuren, die Grundrisse und Pfähle der einstigen Gebäude wie Fußabdrücke im Boden hinterlassen haben. Liebevoll wurden sie ausgestattet, wie sie in jenen frühen Tagen von den Bewohnern eingerichtet gewesen sein mögen. Felle auf schmalen Bettstätten, Werkzeuge, Platz für das Vieh.

Bei vielen Mitmachaktionen lernen Jung und Alt, wie man mit Flintsteinen Feuer macht, wie damals Brot gebacken wurde, wie es sich mit einem einfachen Bogen schießt. Auch Schmuck und Messer aus Flintsteinen herzustellen, kann in den reetgedeckten Häusern geübt werden. Im angrenzenden Freigelände warten neun originale steinzeitliche Kulturdenkmäler auf die Besucher. Man taucht ein in eine Kulturlandschaft aus der Ära, in der die ersten Bauern ihre Äcker bestellten und Rinder, Schafe und Ziegen zu züchten begannen. Alte Haustierrassen beleben die 40 Hektar große, authentisch entwickelte Kulturlandschaft unserer Vorfahren.

Mit einer eigenen Karte für die Kleinen geleitet Lotta die Kinder über das Gelände, und sie erzählt unterhaltsame Geschichten. Erwachsene werden bei einer Audio-Führung informiert, und Tafeln erklären jedermann die Hintergründe der einzelnen Bauten. Auf diese Weise entdecken Jung und Alt hautnah, wie die ersten Bauern in der Steinzeit ihren Alltag bestritten.

Eine Nacht wie ein Mensch der Steinzeit erleben, im Schein der Taschenlampe Kultstätten und die alten Häuser durchstreifen, das kann man bei einer Übernachtung im Steinzeitpark.

15

Fünffingerlinde
Riesewohld 1
25785 Odderade
54°8'58.04"N, 9°13'12.25"E

DIE HAND ZUM SCHWUR ERHOBEN

Fünffingerlinde im Riesewohld

Tot liegt das Mädchen im Wald, der Vater und die Männer aus seinem Dorf stehen verzweifelt zwischen den Bäumen. Da stolpert ein armer Student herbei, der in Furcht vor einem Überfall sich gleich wieder zur Flucht wendet. Die Männer packen ihn, überzeugt, er sei der Mörder. Zum Schwur der Unschuld hebt der arme Teufel die Hand, vor Angst die linke statt der rechten. Als göttlicher Beweis seiner Schuld wird der Irrtum verstanden, und der junge Mann erhängt. Mit seinen letzten Worten verkündet er, dass eine Hand zum Zeichen seiner Unschuld aus seinem Grab wachsen werde. Seitdem erhebt sich an der Stelle eine fünfgliedrige Linde.

Der Baum, von dem die Sage handelt, steht mitten im Riesewohld, einem Naturschutzgebiet in Dithmarschen. Wie die Finger einer Hand, die zum Schwur erhoben ist, strecken sich seine fünf Stämme gen Himmel. Die Fünffingerlinde gehört zu den Winterlinden, die in den Wäldern Schleswig-Holsteins und des norddeutschen Flachlands äußerst selten geworden sind. Vor etwa 2.000 Jahren begann ihre Verdrängung durch die Buche. Im Riesewohld hat sich mit ungefähr 500 Bäumen ein recht großer Bestand erhalten. Traditionell wurde der Forst von Bauern bewirtschaftet, die ihren jeweiligen Abschnitt individuell kultivierten. Ohne einen einheitlichen Plan der Nutzung haben sich teilweise urwüchsige Waldstücke erhalten, die den ursprünglichen, längst verschwundenen Auwäldern ähnlich sind. Auch die Fünffingerlinde, der älteste Baum im Riesewohld, verdankt diesem Umstand sein Überleben. Oder doch dem göttlichen Eingreifen in das menschliche Schicksal?

Mit Sagen ist das so eine Sache. Man kann ja nicht alles glauben. Ein Fünkchen Wahrheit liegt womöglich aber doch in der Geschichte. Die Hand im Wald, der Baum mit den fünf Fingern, wuchs aus dem Boden. Aus welchem Samen er entstand – wer meint, dass er es sagen kann?

Alles Wissenswerte über den Riesewohld erfährt man an einer Infostation, die sich auf halber Strecke zwischen dem Pfad, der am Landweg beginnt, und der Linde befindet.

16

Der Seebrückenkopf der **Familienlagune Perlebucht**
Nordseestraße 79
25761 Büsum

Hauptstrand
Südstrand 5
25761 Büsum
www.buesum.de

AUF GRÜNSTRAND UND DÜNENINSEL

Familienlagune Perlebucht und Hauptstrand

Den Strand von Büsum kenne ich schon von Kindesbeinen an. Er war der Küstenabschnitt, zu dem wir fuhren, wenn wir in der Nordsee baden wollten. Er lag am nächsten und war am besten zu erreichen – auch mit der Bahn, was als Jugendlicher von enormem Vorteil war.

Seitdem hat sich dort vieles verändert. Das Nordseeheilbad Büsum hat sich für die touristische Zukunft gerüstet. Eine notwendige Deichverstärkung wurde genutzt, um die gesamte 2,5 Kilometer lange Wasserkante umzugestalten und ihr ein modernes Gesicht zu geben. Dank des neuen Deichprofils konnten breitere Promenaden auf der Deichkrone und am Deichfuß entstehen. Herzstück des Hauptstrandes ist die großzügig angelegte Watt-Tribüne, von der Gäste direkt ins Wasser oder ins Watt gelangen, die aber auch zum Verweilen und Beobachten einlädt. Von hier aus starten Exkursionen ins Watt und das mehr als 100 Jahre alte *Wattenlaufen mit Musik*, und die Tribüne dient als Schauplatz für Veranstaltungen wie das *Neujahrsanbaden* und die Sommer-Open-Airs.

Hinter dem vielversprechenden Namen »Perlebucht« verbirgt sich heute eine moderne Familienlagune, ein von den Gezeiten unabhängiges Bade- und Freizeitareal mit Sandstrand. Zur Nordsee hin wird die Bucht durch eine künstliche Insel begrenzt. Ein Damm dient als Zugang und unterteilt die Lagune in zwei Wasserbecken. Im flachen südlichen Bereich können selbst Kinder gefahrlos schwimmen, während das nördliche Becken sportlichen Aktivitäten vorbehalten ist. Dort finden auch Veranstaltungen wie Drachenbootrennen und Kitesurfmeisterschaften statt. Ein großer Spielplatz, zwei Beachvolleyball-Felder, eine Trampolinanlage und Grillplätze ergänzen das familienfreundliche Angebot auf der Insel. Und die Wassersportschule bietet jedem die Gelegenheit, Surfen und Kitesurfen zu erlernen.

Immer wieder ein beliebtes Fotomotiv: an einem warmen Sommerabend die Sonne in der Nordsee oder im noch feuchten Watt versinken zu sehen.

17

Schottsche Karren im
Museumshafen Büsum
Südstrand/Am Fischerkai
25761 Büsum
www.museumshafen-
buesum.de

ALTE KUTTER UND KARREN

Museumshafen

Das maritime Herz Büsums schlägt am idyllischen Hafen des Nordseeheilbades. Von hier aus gehen die Krabbenkutter auf Fangfahrt, stechen die Ausflugsschiffe in See, und die Hafenpromenade wird von Einheimischen wie Gästen gerne zum entspannten Flanieren genutzt.

Büsum blickt bereits auf eine mehrere Jahrhunderte alte Geschichte als Hafenort zurück. Zu Beginn des 15. Jahrhunderts legte auch der Seeräuber Cord Widderich an, nachdem er auf der Insel Pellworm sein Unwesen getrieben hatte. Dort hatte er respektlos das kostbare Taufbecken der Kirche geraubt, es nach Büsum gebracht und der hiesigen Kirche gestiftet – die das großzügige Geschenk auch dankend angenommen hat. Es wurde nie zurückgegeben. Das geraubte Taufbecken steht heute immer noch in der Büsumer St. Clemens-Kirche.

Der älteste Teil des heutigen Areals ist das in Lage und Größe seit 1720 nahezu unveränderte Hafenbecken I, das den Museumshafen beherbergt. Hier liegen unter anderem die *Margaretha*, ein Gaffelkutter aus dem Jahr 1911, sowie das 1944 gebaute und von 1960 bis 1981 in Büsum stationierte Motorrettungsboot *Rickmer Bock*. Rund um das Hafenbecken befinden sich weitere maritime Exponate. So sind zwei Nachbauten von Schottschen Karren zu sehen, mit denen noch bis 1957 die frisch gefangenen Krabben von den Kuttern zu den Annahmestellen gefahren wurden.

Zum maritimen Ensemble gehört auch der Nachbau des ersten Büsumer Leuchtturms, einem einfachen 1875 errichteten Holzbauwerk mit einer Petroleumlaterne an der Spitze. Eines der weniger beachteten, aber nichtsdestoweniger interessanten Exponate ist der Tassenpegel, mit dessen Hilfe einst der Wasserstand bei Sturmfluten gemessen wurde. Er arbeitete nach einem simplen, aber genialen Prinzip mit übereinander angeordneten Tassen. Anhand der mit Wasser gefüllten Tassen ließ sich der Höchstwasserstand ablesen.

Im Sommerhalbjahr bildet der Museumshafen die idyllische Kulisse für kostenlose Konzerte, die auf einer Bühne vor der Freitreppe stattfinden.

18

Fahrt Seehundbänken
(April–Oktober)
Ableger: Ankerplatz/
Fischerkai
25761 Büsum

Tickets erhältlich bei der
Tourist-Information
Südstrand 11
25761 Büsum
04834 9090
www.buesum.de

MIT KULLERAUGEN UND STUPSNASE

Fahrt zu den Seehundbänken

Als Sympathieträger sind die allseits beliebten Seehunde an der gesamten Nordseeküste unbestritten die Nummer eins. Mit ihren runden Gesichtern, den großen Kulleraugen, der Stupsnase und den an Land tollpatschig anmutenden Bewegungen sammeln sie bei Erwachsenen ebenso Pluspunkte wie bei Kindern. Daher werden sie von den Feriengästen gerne als Postkartenmotiv an die Daheimgebliebenen geschickt oder als plüschiges Urlaubs-Souvenir mit nach Hause genommen.

Doch nichts kommt dem faszinierenden und unvergesslichen Erlebnis gleich, die in der Nordsee heimische Robbenart in ihrer natürlichen Umgebung zu beobachten. Und zum Glück ist es recht einfach, in den Genuss dieses großartigen Erlebnisses für die gesamte Familie zu kommen.

Während der Saison von April bis Oktober starten vom Büsumer Hafen aus regelmäßig Ausflugsschiffe zu einer großen, etwa 20 Kilometer vor dem Nordseeheilbad gelegenen Seehundbank. Mit etwa drei Kilometern Länge und zwei Kilometern Breite gehört sie zu den größten der Nordsee. Es ist so gut wie sicher, dass die Passagiere auf jeder Fahrt Seehunde zu Gesicht zu bekommen. Nicht selten sind dort sogar mehrere hundert Tiere anzutreffen.

Etwa eine Stunde dauert die Fahrt mit dem Ausflugsschiff *Ol Büsum*. Behutsam nähert sich das Schiff der Sandbank mit den Meeressäugern, die sich schon längst an den täglichen Besuch gewöhnt haben und dadurch nicht aus der Ruhe zu bringen sind. Die Tiere wissen, dass ihnen keine Gefahr droht. Daher lassen sie sich auch nicht in ihrem wohligen Müßiggang stören und können ausgiebig beobachtet werden.

Auch auf der Fahrt von Tönning zum Eidersperrwerk sind regelmäßig Seehunde zu beobachten, da sich im Mündungsgebiet der Eider vor einigen Jahren eine kleine, aber stabile Seehundpopulation gebildet hat.

Wer die Seehunde genauer betrachten möchte, sollte von der Möglichkeit Gebrauch machen, sich an Bord des Schiffes ein Fernglas auszuleihen.

19

Phänomania Büsum
Dr.-Martin-Bahr-Straße 7
25761 Büsum
04834 965517
www.phaenomania-
buesum.de

Museum am Meer
Am Fischereihafen 19
25761 Büsum
04834 6734
www.museum-am-meer.de

Erfassen und begreifen

Erlebniszentrum Phänomania

»Nur ein Narr macht keine Experimente.« Dieses Zitat von Charles Darwin begrüßt uns neben Sprüchen von Kant und Kepler am Anfang des Rundgangs durch die *Phänomania.* Dabei greift die Bezeichnung »Rundgang« viel zu kurz, denn wir gehen zwar durch die Ausstellung, aber ihr Sinn liegt darin, immer wieder Hand anzulegen und den eigenen Grips anzustrengen.

Mit mehr als 200 kleinen und großen Exponaten experimentieren wir uns durch die Welt der Physik und der menschlichen Sinne. Wie Superman lassen wir einen Trabi vom Boden abheben. Ganz leicht geht das. Natürlich mit einem Trick – nein, mit Wissen. Denn wir betätigen einen einfachen Hebelarm. Sieht trotzdem spektakulär aus. Nicht mit Lungenkraft, aber mit Köpfchen kann man auch aus mehreren Metern Entfernung eine Kerze auspusten. Dazu hauen wir einfach kräftig auf die Pauke, im wahrsten Sinne des Wortes. Die erzeugten Schallwellen sind stark genug, um die Flamme zu löschen. Dies bleibt mein Lieblingsexperiment. Es hat nicht nur eine faszinierende Erklärung, es ist auch schön laut. Überhaupt herrscht ein enormer Geräuschpegel in der Halle mit den großen Versuchsanordnungen. Es scheppert, es klappert, es klirrt. Lärm machen erlaubt, und dabei lernt man noch. Einfach perfekt! Zum Lachen bringt uns der Verzerrspiegel. Auf seinen gebogenen Flächen erscheinen wir gestaucht, breit wie hoch, langbeinig oder gar kopflos. Der Kopf wird wohl gerade auf dem Silberteller serviert. Das zumindest macht uns eine Kabine mit Spiegeltisch weis. Köstlich!

»Die Hand ist das äußere Gehirn des Menschen«, sagt Immanuel Kant. Unsere Hände haben viel angefasst und ergriffen. So viele Informationen zu erfassen und zu begreifen, dass unsere Hirne ein wenig erschöpft sind. Physik ist keine Zauberei, das wissen wir jetzt. Und schon gar nicht langweilig.

Im *Museum am Meer* erfährt man alles über die Küstenfischerei und kann selbst im Steuerhaus eines Kutters stehen.

20

Wattwanderung Westerdeichstrich-Stinteck
Treffpunkt: Neuenkoog 13
25761 Westerdeichstrich

Gästeinformation Westerdeichstrich
Strandbüro Gerhard-Dreessen-Hus
Neuenkoog 13
04834 962256
25761 Westerdeichstrich
www.westerdeichstrich.de

Auf Muschelsuche

Strand und Wattwanderung in Stinteck

Mit dem nur wenige Kilometer nördlich von Büsum gelegenen Strand von Westerdeichstrich-Stinteck verbindet mich ein besonderes Erlebnis. Da das Watt vor dem Deich relativ fest ist, gehe ich dort gerne bei Niedrigwasser spazieren. So auch an einem Weihnachtstag vor ein paar Jahren. Und wie bei jedem Wattspaziergang ließ ich meinen Blick suchend über den Wattboden schweifen – in der Hoffnung, etwas Besonderes zu finden: eine schöne Muschel, ein vom Wellengang abgeschliffenes Holzstück oder gar einen Bernstein. Und ich wurde fündig: An diesem Weihnachtstag fand ich meine erste Austernschale. Dann noch eine und noch eine und noch eine. Und es wurden mehr und mehr. Ich konnte es zunächst gar nicht fassen, da Austern doch zu den sehr seltenen Muschelarten gehören – doch dann habe ich mich schlaugemacht und herausgefunden, dass es sich um die eingeschleppte Pazifische Felsenauster handelt, die sich so stark vermehrt hat, dass sie sogar die recht häufige Miesmuschel verdrängt.

Dennoch, dieser gepflegte, oft als »kleine Schwester von Büsum« bezeichnete Grünstrand ist einer meiner Lieblingsplätze geblieben. Er wird gerne zum Baden, Sonnen und Wattenlaufen aufgesucht – insbesondere von jenen, die es ruhiger mögen. Und im Gegensatz zu den Badestränden im benachbarten Büsum gibt es hier auch einen FKK-Strand, an dem man hüllenlos ins Wasser steigen oder ins Watt gehen kann. Ein großer, etwa 500 Meter vom Strand entfernter Priel macht das Baden auch bei Niedrigwasser möglich.

Von dem gebührenpflichtigen Parkplatz bis zum Strand sind es nur wenige Meter. Am Aufgang zum Strand befindet sich das Gerhard-Dreeßen-Hus mit einem Baby-Wickelraum, einem behindertengerechten WC sowie mit einem Café mit Blick über die Nordsee. Neben dem Parkplatz liegt eine Grillhütte für bis zu 30 Personen, die gegen einen Kostenbeitrag gemietet werden kann.

Hinter dem Gerhard-Dreeßen-Hus befindet sich der Treffpunkt, von dem aus geführte Watt-Exkursionen und vier- bis fünfstündige Wattwanderungen starten.

21

Historischer Ortskern
Startpunkt: Hafenstraße 17
25797 Wöhrden
www.woehrden-online.de
www.kulturpfad-woehrden.de

Landhotel Gasthof Oldenwöhrden
Große Straße 17
25797 Wöhrden
04839 95310
www.oldenwoehrden.de

Dorf mit Stadtkern

Historisches Ortszentrum

Auf einem kleinen Parkplatz in Wöhrden stellen wir unser Auto ab, um uns den historischen Stadtkern des nicht einmal 1.300 Seelen zählenden Dorfes anzusehen. Das klingt nach einem Widerspruch. Es ist einer, der sich erst mit der Zeit entwickelt hat. Wöhrden war früher eine regional bedeutende Hafenstadt.

Bis ins 16. Jahrhundert befand sich die Gemeinde auf einer Insel, einer Wurt, daher auch der Name. Heute liegt die Küste zehn Kilometer entfernt. In Dithmarschen ist immer viel Land der See abgetrotzt worden und meist war das gut für den Wohlstand. Für manche Orte, so auch für Wöhrden, läutete dies allerdings den Niedergang ein. Trotzdem hat das Dorf heute einiges zu bieten. Das Haus mit der Nummer 17 in der Hafenstraße ist das älteste in ganz Dithmarschen. Im Jahre 1559 wurde es als Speicher gebaut. Daneben schließt sich der Hof Peters an, dessen Rokoko-Front unverändert erhalten ist. Ein anderes Gebäude, das ebenfalls die Nummer 17 trägt, aber in der Großen Straße steht, ist das Landhotel *Gasthof Oldenwöhrden*. Es stammt vom Anfang des 20. Jahrhunderts. Sein Vorgänger wurde 1914 abgerissen, zum Glück erhielt man jedoch das beeindruckende Sandsteinportal aus dem Jahr 1634, das heute noch das Hotel ziert. Durch den historischen Ortskern, dessen Straßenführung sich seit Jahrhunderten nicht verändert hat, schlängelt sich der *Kulturpfad* mit mehreren Stationen. Ihm folgend passieren wir die Alte Post und die Kirchspielschreiberei und gelangen zu einem Park, dessen Existenz in einem derart beschaulichen Ort durchaus unerwartet ist.

Wöhrden besitzt einen eigenen Charme. Wenige Menschen sieht man zwischen den alten Häusern. An der Ringstraße, die um die Kirche verläuft, sitzen Anwohner vor einem winzigen Supermarkt, dem »Dörpsloden« in der Sonne. Im Vorbeigehen tauschen wir ein fröhliches »Moin«.

Das Landhotel *Gasthof Oldenwöhrden* hat neben seinem wunderschönen Sandsteinportal eine gepflegte Speisekarte mit leckeren Gerichten zu bieten.

22

Hofcafé Fünf Linden
Dorfstraße 49
25770 Hemmingstedt
0481 64941
www.hofcafe-fuenf-linden.de

Landesdenkmal Dusenddüwelswarf
Infopavillon *Schlacht bei Hemmingstedt*
Dehling
25704 Epenwöhrden

ABER BITTE MIT SAHNE!

Hofcafé Fünf Linden

Ein Hase hoppelt über die Wiese und verschwindet im Kornfeld. In Hemmingstedt ticken die Uhren langsam. Der 2.900-Seelen-Ort liegt zwischen Heide und dem hübschen Meldorf, auf dem Weg zur Nordsee wird er von Touristen leicht übersehen. In der Geschichte der Bauernrepublik spielte er jedoch eine entscheidende Rolle. In Hemmingstedt konnte 1500 das dänische Heer trotz Überzahl gestoppt werden. Dabei half den Bauern der Trick, die Siele zu öffnen und das Land zu fluten.

Heute fallen die Umrisse der nah gelegenen Raffinerie ins Auge, nähert man sich von Heide aus. An manchen Tagen wirken sie nahezu gespenstisch. Immerhin dient die Abwärme der Anlage dem örtlichen Freibad, um auf Temperatur zu kommen. Mit Wasser von 28 bis 30 Grad ist es als das wärmste in der Region bekannt.

Zudem steht Hemmingstedt für die hohe Kompetenz der Dithmarscher in Sachen Backwaren. Seitdem Familie Pankonin 2005 das *Hofcafé Fünf Linden* eröffnet hat, schätzen Gäste wie Einheimische die frisch hergestellten Kuchen und Torten, unter anderem eine der besten Erdbeersahnetorten der Gegend. Vor der Vitrine hat der Kuchenliebhaber die Qual der Wahl: Stachelbeerbaiser, gefüllter Käsekuchen, Eierlikör-Torte oder Rhabarber-Kuchen vom Blech – das Angebot variiert an den geöffneten Tagen je nach Saison. Herzhafte Kleinigkeiten wie belegte Brötchen stehen ebenfalls auf der Karte, Frühstück ist nach Absprache möglich. Egal ob bei schönem Wetter im Garten oder in der umgebauten, lichten Scheune, die Inhaber umsorgen stets freundlich ihre Gäste.

Die Familie führt das *Hofcafé* mit dem Ansinnen, einen Ort der Begegnung und des gemütlichen Zusammenseins zu schaffen. Ein wichtiges Anliegen im beschaulichen Hemmingstedt! Im ehemaligen Kornspeicher wurde zudem ein Ausstellungsraum für Malerei und Kunsthandwerk eingerichtet.

Das 1900 errichtete, bizarr anmutende Denkmal *Dusenddüwelswarf* mit dem Findling in der Mitte erinnert an die für Dithmarschen so wichtige Schlacht, die in der Nähe stattgefunden hat.

23

Wochenmarkt
Marktplatz
25746 Heide
www.heide.de

SEIT ÜBER 500 JAHREN

Wochenmarkt

Sonnabend – in Heide ist Markttag. Für mich gehört es zum Beginn des Wochenendes dazu, über den Markt zu schlendern, mit den Leuten zu plaudern, mich vom Angebot inspirieren zu lassen und ein paar Vorräte zu kaufen. Aber auch für zahlreiche Feriengäste ist der Besuch des Heider Wochenmarktes ein fester Bestandteil ihres Urlaubsprogramms.

Mit einer Fläche von 4,7 Hektar ist der im Zentrum der Kreisstadt gelegene Marktplatz der größte unbebaute seiner Art in Deutschland. Bereits in der Mitte des 15. Jahrhunderts wurde er in seiner heutigen Größe abgesteckt – in einer Zeit, als Heide lediglich ein kleiner Flecken an der Westseite des Platzes war.

Bis zum heutigen Tage wird auf dem Marktplatz jeden Sonnabend der Wochenmarkt abgehalten. Wie vor Hunderten Jahren lockt das quirlige bunte Markttreiben zahlreiche Käufer und »Seh-Leute« an. Und bis heute kommen die Händler und Erzeuger überwiegend aus der Region und bieten eine große Auswahl an knackigem Obst und feldfrischem Gemüse, Fisch und Fleisch, Käse, Brot und Eiern sowie Blumen, Textilien und anderen schönen Dingen. Hauptberufliche Händler sind ebenso vertreten wie private Verkäufer mit selbst gemachter Marmelade und Eiern von eigenen Hühnern.

Der Gang über den Wochenmarkt ist zugleich auch ein sinnliches Erlebnis: die vielen Menschen, die unterschiedlichen Düfte, die ganz eigene Geräuschkulisse. Und immer wieder gibt es Neues zu entdecken. Wer an manchen Markttagen genau hinhört, wird auch kräftiges Geschnatter und Gegacker vernehmen. Dann nähert er sich der Marktzeile mit den Kleintieren – auch eine Besonderheit, die sich bis heute gehalten hat. Die Stände mit den Kaninchen, Hühner- und Entenküken begeistern vor allem die Kinder – wo sonst bekommen sie kleine Tiere von so Nahem zu sehen?

Da der Marktplatz inmitten der Kreisstadt liegt, lohnt sich nach dem Marktbesuch ein Bummel durch die umliegenden Geschäfte und Gastronomiebetriebe.

24

Handwerkerviertel Lüttenheid mit Brahmshaus
Lüttenheid 34
25746 Heide
0481 63186
www.brahms-sh.de

Museumsinsel Lüttenheid mit Klaus-Groth-Museum
Lüttenheid 48
25746 Heide
0481 63742
museumsinsel.heide.de
www.groth-gesellschaft.de

WEGE ZU MUSIK UND DICHTUNG

Handwerkerviertel Lüttenheid

Die drei jungen Koreanerinnen blicken in Lüttenheid verwundert um sich: Straßen, die mit Kopfsteinen gepflastert sind, haben sie noch nie gesehen. Sie kennen nur die modernen breiten Asphaltwege ihrer Heimatstadt Seoul.

Lüttenheid ist das alte Handwerkerviertel der heutigen Kreisstadt Heide. Doch die alte Straße dieses eher unscheinbaren Fleckens hat es in sich: In zweien der kleinen, noch erhaltenen Häuser liegen die Wurzeln zu bedeutender Literatur und Musik. Und das ist auch der Grund, warum die jungen Frauen aus der südkoreanischen Metropole hierhergekommen sind: Sie statten dem Stammhaus des Komponisten Johannes Brahms (1833–1897) einen Besuch ab.

Heute ist das Brahmshaus der Sitz der Brahmsgesellschaft Schleswig-Holstein, die das Haus in ein Museum und kulturelles Zentrum umgewandelt hat. Schnell entwickelte es sich zu einem kulturellen Anziehungspunkt der Region. Zahlreiche Fotodokumente, Faksimiles, Portraits und Musikalien informieren über das Leben und das Werk des bedeutenden Komponisten. Glanzstück der Sammlung ist ein Tafelklavier aus dem Jahr 1855, auf dem Johannes Brahms und Clara Schumann zusammen gespielt haben dürften. Kleine Konzerte und Vorträge runden das kulturelle Angebot im Brahmshaus ab.

Nur wenige Schritte entfernt steht das Geburtshaus des Dichters Klaus Groth (1819–1899), der die niederdeutsche Sprache zu einer Literatursprache erhoben hat. Heute ist dort das Klaus-Groth-Museum als Teil der Museumsinsel Lüttenheid untergebracht. Klaus Groth ist der Verfasser der 1853 erschienenen niederdeutschen Gedichtsammlung *Quickborn*. Der Gedichtband machte den Verfasser mit einem Schlage berühmt, denn das Büchlein begleitete viele Auswanderer auf ihrer Reise in die Neue Welt und wurde zum Bestseller. Johannes Brahms und Klaus Groth blieben zeitlebens durch eine enge Freundschaft verbunden.

Die Museumsinsel Lüttenheid umfasst neben dem Heimatmuseum auch das Klaus-Groth-Museum im Geburtshaus des niederdeutschen Dichters.

25

Rosengasse Heide
Friedrichstraße 22
25746 Heide
0481 683005
www.rosengasse-heide.de

Wasserturm Heide
Österweide
25746 Heide

Für alle Bedürfnisse

Restaurant und Musikkneipe *Rosengasse Heide*

Beim Bummel auf der Friedrichstraße in Heide stolpern wir über in eine Steinplatte eingravierte Buchstaben. »Rosengasse« steht dort. Als wir den Blick heben, sehen wir mehrere Schilder, die auf eine Schank- und Speisewirtschaft und eine große Sonnenterrasse mit Biergarten im Innenhof verweisen.

Da wir nach unserem Spaziergang durch die Stadt durchaus Bierdurst haben, treten wir ein. Ein offener Durchgang führt uns in einen Innenhof. Rosen, das sehen wir sofort, sind an diesem Ort tatsächlich Programm. Wunderschöne Stammrosen über einem Bogen und an den Wänden begrüßen uns. Geradeaus informieren zwei weitere Schilder darüber, dass es linker Hand zum Restaurant und rechter Hand zu Café, Kneipe und Kultur geht. Gastlichkeit und gutes Essen versprechen sie uns außerdem. Wir bestellen das ersehnte Bier und setzen uns in den Hof, denn das Wetter ist schön. Erstaunt sehen wir uns um, entdecken neben den wunderschönen Rosen allerhand größeren und kleineren Kram, Gesammeltes, das in jeder Ecke, an jeder Wand und auf den Simsen liebevoll drapiert ist. Ein gusseiserner Herd ächzt unter Kürbis, Kohl und diversen Gefäßen, eine alte Mangel dekorieren Bierflaschen, überall sprießen Blumen aus Töpfen oder Kästen, eigentlich aus allen möglichen Behältern, die dafür geeignet sind. Im Hintergrund spannt sich eine Wäscheleine, an der Wäsche von vor 100 Jahren hängt.

Eine gefühlte Ewigkeit sitzen wir einfach da, nippen an unserem Bier und fühlen uns wie in einem außergewöhnlichen Museum. Bis zum Abend bleiben wir einfach in der Rosengasse. Unseren aufkommenden Hunger stillen wir auf der einen Seite des Hofes im Restaurant *Carpe Diem,* ehe wir für die Spätunterhaltung auf die andere Seite in die Musikkneipe *Destille* wechseln. Eine geniale Gestaltung eines bequemen Tages!

Damit der Tag nicht zu faul wird, lohnt sich ein Gang zum 45,7 Meter hohen Heider Wasserturm, dem im Jahr 1903 errichteten Wahrzeichen der Stadt.

26

Hebbel-Museum
Österstraße 6
25764 Wesselburen
04833 4190
www.hebbel-museum.de

Historische Stadtführungen
Tourist-Information
Am Markt 5
25764 Wesselburen
04833 4101
www.wesselburen.de

DENKMAL FÜR EINEN DICHTER

Hebbel-Museum

Klaus Groth, der große niederdeutsche Dichter, ließ ihm im Jahr 1887 ein Denkmal setzen: Friedrich Hebbel, dem anderen bedeutenden Schriftsteller des 19. Jahrhunderts aus Dithmarschen. Die Büste steht in Hebbels Geburtsort Wesselburen an der Süderstraße. Die Verbundenheit der Wesselburener mit »ihrem« Dichter manifestiert sich in einem kleinen Museum im Zentrum des Städtchens.

Mit einer abwechslungsreichen Ausstellung widmet es sich Hebbels Lebens- und Schaffensgeschichte. Zu seiner Zeit war das Gebäude das Wohn- und Arbeitshaus des Kirchspielvogts Johann Jacob Mohr, bei dem Hebbel mit 15 Jahren zunächst eine Stelle als Laufbursche fand. Er kam aus prekären Verhältnissen, Hunger und Not waren ihm nur allzu bekannt. Für den Jungen bedeutete die Arbeit beim Vogt nicht nur deshalb einen Glücksfall. Mohr verfügte über eine umfangreiche Bibliothek, die der junge Dichter nutzen durfte. Nach zwei Jahren übernahm ihn sein Lohnherr als Schreiber, und diese Tätigkeit führte er bis zu seinem Weggang aus Wesselburen im Jahr 1835 aus.

Im Museum taucht man in sein Leben in der Vogtei ein, denn neben seiner Schlafstätte, einem Alkoven unter der Treppe, den er mit dem Kutscher teilte, ist auch die Schreiberstube samt Schreibutensilien, Tisch, Stuhl und Feuerlöscheimer originalgetreu erhalten. In anderen Räumen folgt man Hebbel zu seinen späteren Stationen in Hamburg und schließlich Wien, wo er endlich zu Wohlstand kam. Wertvolle Ausstellungsstücke wie Handschriften des Dichters, Gemälde und Stiche seiner Freunde und Familie und seine Totenmaske sind zu bestaunen.

Hebbel war froh, schlussendlich seiner Heimat entfliehen zu können, und ist nie wieder nach Wesselburen zurückgekehrt. Aber die Menschen haben ihn nicht vergessen und ihm mit dem Museum ein weiteres stattliches Denkmal gesetzt.

Über Hebbel, aber auch über Wesselburens Geschichte und die Bauerngeschlechter Dithmarschens erzählt Ruth Arnold – fotogen in Originaltracht – auf ihren historischen Stadtführungen.

27

KOHLosseum
Bahnhofstraße 20
25764 Wesselburen
04833 45890
www.kohlosseum.de

Informationen Dithmarscher Kohltage:
Dithmarschen Tourismus e.V.
Markt 10
25746 Heide
0481 2122555
www.echt-dithmarschen.de

MIT KOHLKÖPFCHEN

Museum *KOHLosseum*

Ein ganzes Museum nur über Kohl? Ja gut, es gibt Weißkohl, Grünkohl, Blumenkohl und gefühlte 100 weitere Sorten. An Kohlköpfen vorbeizuflanieren, das mache ich allerdings im Supermarkt, nicht in einer Ausstellung!

Dass meine Vorstellung von Vorurteilen geprägt ist, bemerke ich unmittelbar, nachdem ich das *KOHLosseum* betrete. Zwischen alten Holzbalken erzählen die verschiedensten Ackergeräte faszinierende Geschichten vom Anbau des Hackgemüses, wie die Homann'sche Pflanzmaschine, mit der einst Löcher für die Pflanzen in den Boden gestanzt wurden. Auf einer originalen Kohlschneidestraße samt so etwas Kuriosem, aber Nützlichem wie einem Strunkbohrer kann man das Schicksal des Weißkohls auf seinem Weg zum Sauerkraut verfolgen.

Dass Dithmarschen das größte zusammenhängende Anbaugebiet in Europa ist, das habe ich schon gehört. Nicht umsonst nennen die nicht aus dem Landstrich stammenden Schleswig-Holsteiner die Dithmarscher scherzhaft »Kohlköppe«. Neu ist mir aber, dass sich das Gemüse erst um 1900 in der Landwirtschaft durchsetzte, als die bis dahin vorherrschende Kultivierung von Zuckerrüben sich ob der Konkurrenz des billigeren Rohrzuckers nicht mehr lohnte. Die Marschen in der Gegend erwiesen sich darüber hinaus als idealer Boden, denn Qualität der Erde und Grundwasserspiegel sind sehr hoch. Im Gegensatz zu den Touristen liebt der Kohl zudem den Regen, der im Juli und August in großen Mengen vom Himmel fällt. Die Freude an der Nähe der Region zur See teilen sich das Gemüse und die Gäste wiederum. Die salzige Luft hilft den Pflanzen, gegen Schädlinge zu bestehen.

Über Kohl, das weiß ich nun, gibt es wahrlich Spannenderes zu wissen als allein die Namen der Sorten und deren Preise im Supermarkt. In Zukunft werde ich beim Zubereiten in der Küche viel mehr in meinem Kohlkopf haben.

Im September werden die Dithmarscher Kohltage mit Markt- und Stadtfesten gefeiert. Botschafter sind die zwei Kohlregentinnen – nicht Königinnen, denn Dithmarschen war Bauernrepublik!

28

Eidersperrwerk
Parkplatz Süd
25764 Wesselburenerkoog
www.wsa-toenning.wsv.de

Tourismusverein Wesselburen und Umland e.V.
Am Markt 5
25764 Wesselburen
04833 4101
www.echt-dithmarschen.de

SCHUTZ FÜR MENSCHEN UND VÖGEL

Eidersperrwerk

So mancher wird überrascht sein, wenn er von Mai bis Juli das Eidersperrwerk besucht. Dann wird er von emsigem Flugbetrieb und dem vielstimmigen Durcheinander Hunderter Vogelstimmen empfangen. Verursacher ist eine gemischte Brutkolonie von Küstenseeschwalben und Lachmöwen, die sich direkt an Deutschlands größtem Küstenschutzbauwerk gebildet hat.

Normalerweise bevorzugen die Tiere abgelegene, vor Störungen sichere Gebiete. Doch hier haben sie sich an die Besucher gewöhnt und fühlen sich von ihnen nicht beeinträchtigt. So bietet sich die an der Westküste einmalige Gelegenheit, das Brutgeschehen und die Jungenaufzucht von Seevögeln aus nächster Nähe zu beobachten. Das Brutareal ist eingezäunt und darf nicht betreten werden. Trotzdem ist Vorsicht geboten, da es vorkommen kann, dass die Seeschwalben und Möwen einen allzu aufdringlichen Besucher attackieren.

Nicht nur die Brutkolonie lockt Neugierige ans Bollwerk gegen die Nordseefluten – die gewaltige Anlage selbst ist ein beliebtes Ausflugsziel. Nach fünfjähriger Bauzeit wurde das Eidersperrwerk im März 1973 eingeweiht. Es dient sowohl dem Schutz vor Sturmfluten als auch der Entwässerung des Binnenlandes. Ins Auge fällt beim ersten Betrachten das 224 Meter lange Sielbauwerk mit den fünf großen, je 40 Meter breiten Fluttoren. Von den beweglichen Segmenten zu beiden Seiten bringt jedes einzelne immerhin 250 Tonnen auf die Waage.

Im Sommer sollte man etwas Wartezeit einplanen, wenn man mit dem Wagen durch den Tunnel des Sperrwerks nach Dithmarschen fahren möchte. Es kommt durchaus häufig vor, dass Schiffe die Schleuse des Sperrwerks passieren und man vor der hochgeklappten Straßenhälfte zu einer Pause gezwungen wird. Die Wartezeit lässt sich mit einem kurzen Deichspaziergang vertreiben, denn ein Blick auf das Meer dahinter lohnt sich allemal.

Von Mai bis September werden vom Tourismusverein Wesselburen und Umland Führungen im Sperrwerk angeboten.

29

Bargener Fähre
(Mai–September)
Ableger: Zur Alten Fähre
25788 Delve
04803 255
www.bargener-faehre.de

Gasthof Dührsen
Schulstraße 2
25788 Delve
04803 255
www.gasthof-duehrsen.de

Geruhsam über die Eider

Bargener Fähre

»Fährmann, hol över!« Dieser Ruf dürfte in den vergangenen Jahrhunderten wohl oft zwischen Delve und Bargen über die Eider hinweg erschollen sein. Mitte des 16. Jahrhunderts wurde die Bargener Fähre erstmals erwähnt. Zunächst wurden Kähne eingesetzt, zu Beginn des 19. Jahrhunderts dann die erste Fähre. Bis 1950 wurde sie noch per Hand an einem Seil über den Fluss gezogen, erst 1951 kam das erste motorisierte Wasserfahrzeug zum Einsatz. Der Betrieb wurde 1961 eingestellt, als eine neue Brücke über die Eider eingeweiht wurde.

Erst Anfang des 21. Jahrhunderts, am 26. Mai 2001, wurde die historische Fährroute wieder aufgenommen. Seitdem sind erneut die Menschen zu beiden Seiten des Flusses miteinander verbunden. Der markante Ruf ist heute allerdings nicht mehr zu hören. Dafür wurden an den Anlegestellen Glocken angebracht, mit denen die Fähre bei Bedarf gerufen werden kann. Von Mai bis September gibt man dem Fährmann einen Obolus, damit er Fußgänger und Radfahrer über die Eider befördert.

In den vergangenen Jahrhunderten mag sich vieles geändert haben, das Leben ist schneller geworden. Doch davon ist hier nichts zu spüren. Die Fähre kennt nur ihr eigenes Tempo, daran ist nicht zu rütteln. Eine natürliche Entschleunigung findet statt. Und so manches Lächeln entlockt der freundliche Fährmann hektischen Radlern, wenn er ihnen gelassen hilft, ihr Gefährt auf die Fähre zu hieven.

Neben dem regulären Betrieb werden Sonderfahrten angeboten: Naturerlebnisfahrten in den frühen Morgenstunden, stimmungsvolle Dämmerungsfahrten, Touren mit Musik und Platt und kulinarische Ausflüge, auf denen regionale Spezialitäten angeboten werden. Nach Terminabsprache können Gruppen bis maximal 28 Personen die Fähre buchen. Und wer auf ausgefallene Art in den Hafen der Ehe einlaufen möchte: Auf der Fähre sind auch Trauungen möglich.

Wenden Sie sich für Anfragen und Anmeldungen zu den Sonderfahrten an den Gasthof Dührsen.

30

Eider-Badestelle Schwienhusen
Zur Alten Fähre
25788 Delve

Badestelle Wollersum
Wollersum
25774 Groven
www.gemeinden-lunden-lehe-krempel.de

BADEFREUDEN UMSONST

Badestellen an der Eider

Es muss nicht immer die Nordsee sein, wenn Wasserratten sich abseits von Freizeit- und Freibädern ins kühlende Nass stürzen wollen. Auch in der Eider, dem längsten Fluss in Schleswig-Holstein, kann man sommerliches Badevergnügen in freier Natur genießen – drei offizielle Naturbadestellen bieten sich auf der Dithmarscher Seite der Eider an.

Nur wenige Kilometer von der Straßenbrücke bei Tönning entfernt liegt die Badestelle von Wollersum, dem ehemaligen Hafen des benachbarten Lunden. Selbst an heißen Sommertagen ist es hier eher ruhig. Badegäste gelangen über einen etwa 20 Meter langen Steg ins tiefe Wasser der Eider. Allerdings sollten nur geübte Schwimmer hineingehen, weil Ebbe und Flut starke Strömungen verursachen können. Wollersum bietet Badegästen eine Dusche, Bänke und einen Tisch. Es gibt jedoch keine Toilette, und für Hunde besteht Leinenpflicht.

Der Hennstedter Ortsteil Horst liegt gleich hinter der Schleuse Nordfeld. Hier sind Ebbe und Flut nicht mehr spürbar. Über eine kleine Treppe geht es direkt ins Wasser der Eider. Neben der großen Liegewiese befindet sich ein Beachvolleyball-Feld, das von den Badegästen genutzt werden kann. Es ist keine Dusche vorhanden, dafür jedoch sanitäre Anlagen.

Bei Kindern, Jugendlichen und Erwachsenen gleichermaßen beliebt ist die Badestelle Schwienhusen, einem Ortsteil von Delve. Sie liegt unmittelbar neben dem Anleger der Bargener Fähre und ist dadurch für Radfahrer gut zu erreichen. Seicht fällt der Sandstrand hier ins Eiderwasser ab und ist als Badestelle besonders für Familien mit Kindern geeignet. Auf der Liegewiese lässt es sich gemütlich an Tischen picknicken. Leider sind Hunde nicht erlaubt. Eine Toilette ist vorhanden und in der Schutzhütte finden sowohl Fähr- als auch Badegäste Unterschlupf, wenn das Wetter plötzlich umschlägt.

An keiner der drei anerkannten Badestellen muss man Eintritt zahlen, es gibt aber auch keine Badeaufsichten. Die Wasserqualität wird regelmäßig geprüft.

31

Geschlechterfriedhof Lunden
25774 Lunden
Führungen: 04882 360
www.kirchengemeinde-lunden.de

DER MORBIDE HAUCH DER GESCHICHTE

Geschlechterfriedhof

Peter Swyn aus dem Geschlecht der Wurtemannen war 1537 in einer heiklen Mission unterwegs: Er wollte für notwendige Reformen werben – unter anderem auch für ein Gesetz zur Abschaffung der Blutrache. Doch der Auftrag verlief alles andere als glücklich. Auf dem Rückweg wurde er von seinen Gegnern ermordet. Dieser politische Mord wurde auf einem der Steine des Lundener Geschlechterfriedhofs festgehalten. Eine dramatische Szene zeigt, wie der Mann vom Pferd gerissen und erstochen wird.

Der Sühnestein für Peter Swyn ist eine von insgesamt 66 Grabplatten und Stelen des Geschlechterfriedhofs der Lundener St.-Laurentius-Kirche. Als einer der ältesten Friedhöfe an der Westküste geht er auf das ausklingende Mittelalter zurück.

Ein weiteres bedeutendes Grabmal ist die Stele für die Familie der Nannen. Auf der Vorderseite des prächtigen Steines befindet sich die Darstellung des Jüngsten Gerichts, während die Namen der verstorbenen Familienmitglieder auf der Rückseite der Stele aufgelistet sind.

Die eindrucksvollen Grabmale sind Zeugen einer denkwürdigen Epoche der Dithmarscher Geschichte: die Zeit der Dithmarscher Bauernrepublik, die 1559 mit der Eroberung durch die Truppen des holsteinischen Herzogs und des dänischen Königs endete. Peter Swyn war eine der bedeutendsten Persönlichkeiten jener Zeit. Er war einer der 48 Regenten, die das Dithmarschen zur Zeit der Bauernrepublik regierten und Recht sprachen.

Die Zeit der von adliger Herrschaft unabhängigen Bauernrepublik war auch eine Zeit großen Wohlstandes. So brachten die wohlhabenden Bauernfamilien ihren Stolz und ihren Reichtum durch repräsentative, bis zu zwei Tonnen schwere Grabplatten und die aufrecht stehenden Stelen sowie durch Grabgewölbe zum Ausdruck. Von den einst 19 Grüften sind noch 13 erhalten.

Auf Anfrage bietet die Lundener Kirchengemeinde Führungen über den Geschlechterfriedhof an. Dabei können auch Grabgewölbe besichtigt werden.

VON EIDERSTEDT BIS NORDFRIESLAND

1311

32

Schiffstour auf der Eider
Ausgangspunkt:
An der Eiderkaje
25832 Tönning

Tourist- und Freizeitbetriebe Tönning
Am Markt 2
25832 Tönning
04861 61420
www.toenningtourismus.de

AUF DEN SPUREN VON JULES VERNE

Schiffstour auf der Eider

»Zunächst fährt man von hier aus also den reizenden Eiderfluss hinauf, der sich in unzähligen Krümmungen dahinwindet. Oft kommt man ganz nahe an dem Punkt wieder zurück, wo man vorher war, und ich schätze die Länge der Wasserstraße von Tönning nach Rendsburg zu mindestens hundertfünfzig Kilometer, während die Luftlinie gewiss nicht mehr als etwa achtzig beträgt.«

Das schrieb Paul Verne, der Bruder des berühmten Schriftstellers Jules Verne, in das Bordbuch, als beide im Juni 1881 von Tönning aus mit Jules Vernes Privatjacht den Fluss aufwärts fuhren. Von Rendsburg aus gelangten sie dann durch den Schleswig-Holsteinischen Kanal nach Kiel und weiter nach Kopenhagen.

Die Eider ist der größte Fluss Schleswig-Holsteins. Mit Beginn des 9. Jahrhunderts wurde sie zur Nordgrenze des Frankenreiches, dann zur Grenze zwischen Dänemark und Deutschland. Sie trennt die Landesteile Schleswig und Holstein sowie die Regionen Eiderstedt und Dithmarschen. Doch der Fluss ist nicht nur Grenze; als Handelsweg war er von alters her auch stets ein verbindendes Element.

In der Vergangenheit hat die südlich von Kiel entspringende Eider viel über sich ergehen lassen müssen. Der Fluss wurde eingedämmt und mit Sperrwerken versehen, er wurde zerstückelt und weite Teile verschwanden im Nord-Ostsee-Kanal. Trotz alledem hat der Oberlauf von Rendsburg bis zur Nordsee viel von seinem ursprünglichen Charme bewahren können: Wie vor über 100 Jahren mäandriert er durch die weiten grünen Niederungsgebiete und lädt zum geruhsamen Verweilen an den Ufern oder zu entspannenden Kanutouren ein.

Mit der Entfernung zwischen Tönning und Rendsburg mag sich Paul Verne zwar verschätzt haben, mit dem kurvenreichen Verlauf aber nicht: Knapp 100 Flusskilometer liegen zwischen den beiden Städten, während die Luftlinie gerade einmal 45 Kilometer beträgt.

Es werden Schiffsausflüge von Tönning nach Rendsburg angeboten, auf denen sich die beschauliche Reise von Jules Verne nachvollziehen lässt.

33

Hafen und Altes Packhaus
Am Eiderdeich 18
25832 Tönning
packhaus-tönning.de

Lichterglanz und Krabbenpulen

Hafen mit Packhaus

Wenn man durch die verwinkelten Gassen der verträumten kleinen Hafenstadt an der Eider fährt, ahnt man kaum die einstige Bedeutung von »Tönn«, wie es auf Plattdeutsch heißt. Die große Kirche St. Laurentius wacht noch über den Marktplatz, an dem einige Stufengiebelhäuser vom Wirken niederländischer Kaufleute im 17. Jahrhundert zeugen.

Auf einer Verkehrsinsel erinnert ein Modell an das große Schloss, das im 18. Jahrhundert abgerissen wurde. Aufgrund Tönnings Lage als Grenzstadt an der Eider spielten sich entscheidende Schlachten des Großen Nordischen Krieges hier ab und 1700 richteten die Artilleriegeschosse verheerende Schäden an. Wenige Jahre später zogen 11.000 Schweden durch die Stadt und danach ließ der Dänenkönig die Festungsstadt schleifen.

Doch das alte Packhaus am Hafen erzählt mit imposanter Größe von der Bedeutung des Hafens als Anlegeplatz für große Handelsschiffe. 1763 erbauten die Tönninger das Packhaus, denn damals wurde der Eider-Kanal eröffnet, der erstmals Nord- und Ostsee miteinander verband. Die Stadt erlebte eine kurze wirtschaftliche Blüte, während der sogar die niederländische Ostindien-Kompanie den Hafen nutzte. Mit dem Bau des Nord-Ostsee-Kanals 1895 verlor der Hafen seine Bedeutung und als 1972 das Eidersperrwerk eingeweiht wurde, verlegte man den Fischereihafen dorthin.

Wie so viele Orte auf Eiderstedt profitiert auch Tönning heute vom Tourismus und bietet mit seinem historischen Hafen, in dem Sportboote und auch Fischkutter anlegen, ein beliebtes Ausflugsziel. Das alte Packhaus ist nun ein Kulturzentrum, in dem Krabbenpulkurse, Antikmärkte, Mondscheinkino und vor allem der berühmte Weihnachtsmarkt veranstaltet werden. Im Dezember verwandelt sich das Backsteinhaus in einen riesigen Adventskalender und lockt mit über 120 Kunsthandwerkern und kulinarischen Spezialitäten zahlreiche Besucher an.

In der Alten Fischereigenossenschaft am Eiderdeich 12, neben dem Packhaus, kann man frischen Fisch kaufen oder vor Ort essen und den Hafenblick genießen.

84

Nationalparkzentrum Multimar Wattforum
Dithmarscher Straße 6a
25832 Tönning
04861 96200
www.multimar-wattforum.de

Schutzstation Wattenmeer
Nationalparkhaus Husum
Hafenstraße 3
25813 Husum
04841 668530
www.schutzstation-wattenmeer.de

WELTNATURERBE WATTENMEER

Nationalparkzentrum *Multimar Wattforum*

Still sitzen wir im Halbdunkel auf den Stufen eines kleinen Amphitheaters. Das einzige Licht kommt von dem hoch aufragenden Aquarium vor uns. Mit ruhigen Bewegungen schwimmen die Fische darin. Sanfte Musik und das Glucksen von Wasser lassen uns in eine Art Trance fallen, wir vergessen die Außenwelt und genießen die faszinierende Stimmung. Erst nach langen Minuten reißen wir uns voller Bedauern los.

Draußen in der Natur geht es natürlich nicht gleichermaßen idyllisch zu. Auch das Wattenmeer ist ein Biotop, in dem das Individuum ebenso wie die Arten ums Überleben kämpfen. Das *Multimar Wattforum* führt uns von der Luft mit den »Flying Five«, den fünf typischsten Vogelarten, über das Wasser mit seinen Fischen und Walen bis zum Meeresboden, wo Wattwürmer und Herzmuscheln zu Hause sind. Wie die Gezeiten die Lebewesen immer wieder zu Höchstleistungen in ihrer Anpassungsfähigkeit herausfordern, zeigen Schautafeln und Modelle. An Hörstationen lauschen wir den Geräuschen der Tiere, lassen uns etwas über die faszinierende Welt des Watts erzählen.

Neben dem großen Aquarium kann man in 35 kleineren die vielen Fischarten, aber auch Muscheln, Garnelen und Wattwürmer beobachten. Das Skelett eines Pottwals, der einst in der Nordsee strandete, bestimmt einen weiteren Ausstellungsraum. Handgreiflich darf Kind hier werden und das Skelett berühren und erkunden. Zehn begehbare Kabinen zu den heimischen Schweinswalen, aber auch zu anderen Walarten und deren Beziehung zum Menschen warten mit Walgesängen und spannenden Geschichten auf.

Am Ende unseres Besuches kehren wir noch einmal in das Amphitheater zurück und genießen das sanfte Licht und die gelassenen Bewegungen der Fische. Das neu erworbene Wissen, aber auch diese faszinierende Ruhe nehmen wir mit auf unseren Weg nach Hause.

Für den Nachwuchs bietet die Schutzstation Wattenmeer spezielle Kinderführungen ins Watt an.

35

Schankwirtschaft Wilhelm Andresen
Katingsiel 4
25832 Tönning
04862 370
www.schankwirtschaft-andresen.de

NABU-Naturzentrum Katinger Watt
Katingsiel 14
25832 Tönning
04862 8004
www.schleswig-holstein.nabu.de

IM SCHATTEN DER BUCHE

Schankwirtschaft Andresen in Katingsiel

Am schönsten ist es, zu dem urigen Reetdachhaus zu spazieren oder zu radeln. Die Schankwirtschaft Andresen liegt an der über 400 Jahre alten Wasserstraße Süderbootfahrt, die Garding mit Katingsiel verband.

Auf dem Kanal wurden einst flache Kähne voller Waren getreidelt, heute dient die ehemalige Handelsstraße nur mehr der Entwässerung. Als 1613 die Schleuse fertiggestellt wurde, erhielt der Vorgängerbau des Gasthofs die erste Schanklizenz. Das heutige denkmalgeschützte Backsteinhaus stammt aus dem 17. bis 18. Jahrhundert. Sicher ist, dass die Delfter Kacheln im Innern 1750 als Schiffsballast aus den Niederlanden nach Katingsiel kamen. Was von einem gewissen Wohlstand zeugt, denn während der Kontinentalsperre gedieh der Handel nördlich der Eider.

Unter der Ägide von Wolfgang Andresen, dem Vater des aktuellen Besitzers, wuchs die Schankwirtschaft zu dem, was die Leute auf Eiderstedt kennen und lieben. In den Räumlichkeiten tauchen die Gäste bei nostalgischer Möblierung, hübschen Kacheln und Schwarz-Weiß-Fotos in eine andere Zeit ein. Im Sommer lässt es sich draußen wunderbar im Schatten der Buche verweilen, die Volker Andresens Großmutter einst pflanzte.

Der hausgemachte Kuchen oder die Dinkelwaffeln mit Blaubeeren sind ein Genuss. Andresens kreieren ihre Speisen am liebsten mit Produkten aus dem eigenen Garten und der Region. Zum Beispiel das Schwarzbrot mit Eiderstedter Lammsalami oder Bio-Schafskäse. Über die Grenzen der Halbinsel bekannt ist der Eiergrog nach dem Originalrezept der blonden Cathrein. Ebenjene Großmutter, die die Buche setzte und die Schankwirtschaft mehr als 60 Jahre lang leitete. Cathrein Andresens cremige Erfindung basiert auf einem Rezept, das wiederum ihr Großvater einst aus Frankreich mitbrachte.

Schauen Sie beim nahen Naturzentrum *Katinger Watt* vorbei und nehmen Sie vielleicht an einem »Vogelkiek« teil. Mit etwas Glück lassen sich Säbelschnäbler, Silberreiher und Kiebitze blicken.

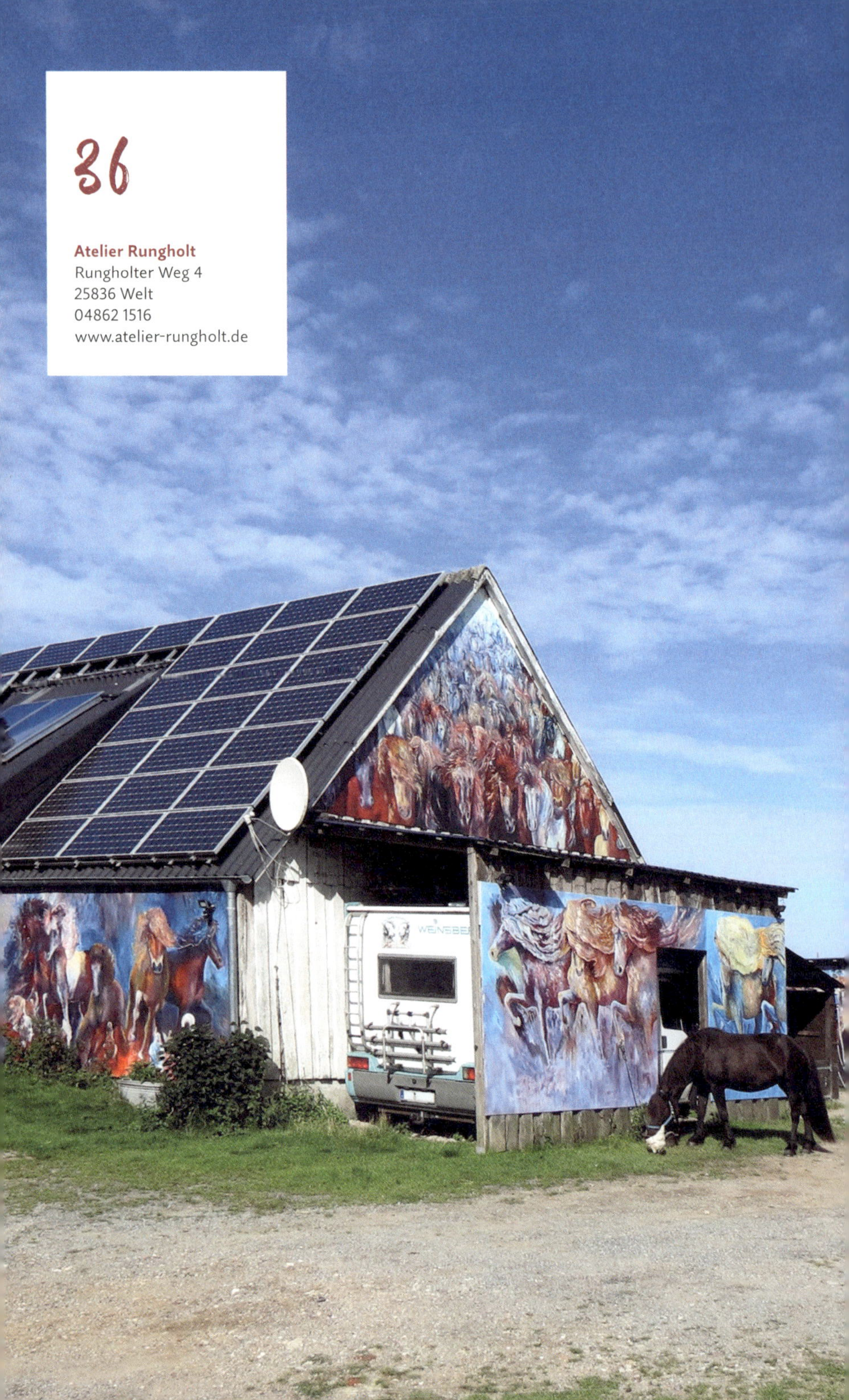

36

Atelier Rungholt
Rungholter Weg 4
25836 Welt
04862 1516
www.atelier-rungholt.de

DER KÜNSTLER UND DIE ISLANDPFERDE

Atelier Rungholt

Nicht nur ein Atelier, sondern ein Pferdehof und ein Gesamtkunstwerk erwarten den Besucher der Warft Rungholt. Wolfgang Groß-Freytag hat diesen besonderen Ort mitten in den Wiesen in der Nähe des Katinger Watts in mehrjähriger Arbeit geschaffen.

Der Künstler stammt aus Kempten im Allgäu, studierte in Kiel an der Muthesius Hochschule Freie Kunst und war Meisterschüler der Malklasse von Harald Duwe. Im Oeuvre von Groß-Freytag finden sich sozialkritische, abstrakte Arbeiten genauso wie realistische Landschaftsstudien und seit einigen Jahren vermehrt Porträts von Islandpferden. Die Leidenschaft für das Reiten und die Liebe zu den kleinen, energiegeladenen Pferden von der nordischen Insel haben den Künstler dazu bewogen, Hausmauern und Stallwände großformatig zu bemalen. Die Arbeit ist noch längst nicht abgeschlossen, wie der Künstler erzählt, sondern wird weiter ausgebaut.

Kommt man auf den Hof, wird man von zwei Islandhunden, Gänsen und Hühnern begrüßt. Neugierig recken Islandpferde ihre schönen Köpfe über das Gatter und beäugen die Besucher. Der Künstler hat nicht nur seine eigenen Pferde porträtiert, sondern fertigt auch auf Bestellung Ölgemälde an. Spricht er über die eigenwilligen Pferde, spürt man seine Begeisterung für die Tiere, die neben den drei bekannten Gangarten Schritt, Trab und Galopp auch den Tölt- und Passgang beherrschen. Die Isländer achten sehr auf das Markenzeichen Islandpferd, weshalb die Einfuhr von Pferden auf die Insel verboten ist. In aller Konsequenz bedeutet dies, dass selbst auf Island geborene Pferde, die einmal die Insel verlassen haben, nicht wieder eingeführt werden dürfen.

Das Atelier befindet sich in einer ausgebauten Scheune, die an das reetgedeckte Wohnhaus grenzt. Im blühenden Bauerngarten oder direkt am Strand finden das ganze Jahr über Aquarellmalkurse des Künstlers statt.

Wer sich für einen Open-Air-Aquarellmalkurs mit dem Künstler Wolfgang Groß-Freytag anmeldet, lernt die Küstenlandschaft neu zu sehen.

37

Hochdorfer Garten
Düsternbrook
25881 Tating
www.hochdorfer-garten.de

Schweizer Haus
Düsternbrook 10
25881 Tating
04862 2019681
www.schweizerhaus-tating.de

BAROCK UND BIENENSTICH

Hochdorfer Garten

Zeit für einen Spaziergang mit wechselnden Duftnoten. Wenn es um bäuerliche Gartenkultur in Schleswig-Holstein geht, nimmt die Hochdorfer Anlage eine herausragende Stellung ein. Abgesehen von der Nolde-Stiftung in Seebüll und dem Husumer Schlossgarten gewähren an der Küste sonst nur Privatgrundstücke flüchtige Einblicke. Doch der fünf Hektar große Hochdorfer Garten präsentiert sich offiziell als Denkmal und Dorfpark, er ist sommers wie winters frei zugänglich.

Durch die grüne Oase zu wandeln, erfreut nicht nur die Hobbygärtner. Angelegt wurde sie nach barocken Vorbildern im 18. Jahrhundert und folgte zunächst einer strengen Ordnung. Als da wären das in Reih und Glied stehende Lindenquartier vor dem Hochdorfer Haubarg und die beiden 120 Meter langen Lindenalleen, die das Anwesen rahmen. Der Rest wirkt verwunschen, wie etwa der Hexenwald. Je nach Jahreszeit tauchen Farbtupfer auf, Krokusse oder Hasenglöckchen.

Exoten wie Chinesisches Rotholz mit seinem fein ziselierten Grün oder der Trompetenbaum mit spärlichem Blätterdach kamen im 19. Jahrhundert hinzu. Ebenso die Obstbaumquartiere mit historischen Apfelsorten wie Prinzenapfel oder Dithmarscher Paradiesapfel, sie gedeihen im Nordseeklima am besten. Gemäß dem damaligen Geschmack wurde es in jener Epoche um einiges romantischer und eine Ruine à la Caspar David Friedrich fand ihren Platz auf einem kleinen Hügel. Die weiße Brücke mag an den französischen Maler Monet und seinen Seerosenteich erinnern, doch stammt der schnurgerade Graben noch aus barocken Zeiten. Das als Sommerhaus konzipierte Schweizer Haus wurde wiederum während der Romantik errichtet und steht heute der Allgemeinheit als beliebtes Lokal zur Verfügung.

Bienenstich mit roter Grütze zählt zu den Spezialitäten des Schweizer Haus, dessen Holzarchitektur im Schweizer Stil, Baujahr Ende des 19. Jahrhunderts, ebenfalls ein Unikat in Schleswig-Holstein darstellt.

Seebrücke und Buhne
25826 St. Peter-Ording

Tourist-Info Bad
Maleens Knoll 2
25826 St. Peter-Ording
04863 9990
www.st-peter-ording.de

TROCKENEN FUSSES ZUM BADEN

Seebrücke zum Strand

Unzählige Male bin ich über die Holzplanken spaziert. Wenn es warm ist, ziehe ich die Schuhe aus und spüre die Rillen der dicken Bohlen aus Lärchenholz unter den Füßen. Meist werde ich von meinen Hunden begleitet, die manchmal skeptisch durch die Ritzen auf den Wattboden hinunterschauen. Aber die meisten Vierbeiner überwinden ihre Scheu, weil sie am Ende der 1.000 Meter langen Seebrücke mit der weiten Sandbank und dem Meer belohnt werden. Nicht zu vergessen der Pfahlbau, die Arche Noah, die seit vielen Jahrzehnten dort vorn den Gezeiten trotzt. Der Badestrand hat eine bewachte Badestelle und man kann am Meeressaum kilometerweit in beide Richtungen laufen.

In den 1920er-Jahren konkretisierte sich die Idee für eine Seebrücke. Damals gab es noch die Unterteilung in Herren-, Damen- und Familienbad. Die Badestellen vor dem Deich und dem von Prielen durchzogenen Vorland verlagerten sich mit den wandernden Sandbänken. Da man auch bei Flut trockenen Fußes über die Salzwiesen auf den Strand gelangen wollte, wurde 1926 eine Holzbrücke erbaut. Die heutige Brücke ruht auf Betonpfählen und hat einen geschwungenen Verlauf mit Sitzbuchten.

Untrennbar verbunden ist die Badbrücke mit der Buhne, einem dammartigen Bauwerk, das vom Deich ins Meer ragt. In erster Linie dient eine Buhne dem Küstenschutz, aber sie eignet sich auch hervorragend dafür, den Sonnenuntergang zu genießen. Auf der Buhne befindet sich ein hübscher roter Holzbau mit dem Fischrestaurant Gosch. Dort kann man draußen in Strandkörben oder drinnen an rustikalen Holztafeln sitzen. Für Hundefreunde auch hier gut zu wissen, dass Vierbeiner gern gesehen sind und überall Wassernäpfe stehen. Während der Hauptsaison finden verschiedene musikalische Events unter weißen Zelten in und um Gosch statt.

Was gibt es Schöneres, als die Sonne im Meer versinken zu sehen und das grandiose Farbspiel am Himmel zu beobachten? Man könnte dabei ein Eis essen oder …

39

Museum Landschaft Eiderstedt
Olsdorfer Straße 6
25826 St. Peter-Ording
04863 1226
www.museum-landschaft-eiderstedt.de

Olsdorfer Krug
Olsdorfer Straße 13
25826 St. Peter-Ording
04863 1226
olsdorferkrug-spo.de

Museum Landschaft Eiderstedt

Nicht nur an Regentagen bietet sich ein Besuch des Museums in St. Peter-Ording an. Das windschiefe Reetdachhaus aus dem 18. Jahrhundert steht direkt gegenüber der Kirchwarft von St. Peter. Bei einem kleinen Rundgang durch das alte Dorf kommt man an einer weiß getünchten Reetdachkate vorbei, die von einem mit Dünengras bepflanzten Friesenwall umgeben ist. Die Gaststätte mit der windgeschützten Terrasse heißt *Kiek mol in* und ein paar Schritte weiter, vis-à-vis vom Museum, befindet sich der historische Gasthof *Olsdorfer Krug*, in dem es neben gutbürgerlicher Küche auch eine traditionelle Volksbühne gibt.

Entsprechend dem Museumsnamen finden sich zahlreiche Ausstellungsstücke zur Entwicklung der Eiderstedter Landschaft. Glücklicherweise wurden nicht alle Räume modernisiert, sondern Teile der historischen Bauernstube und -küche sind erhalten und zeigen originales Inventar. Unter den vielfältigen Exponaten befindet sich die Alkoventür des Tetenbüller Staatshofes. Das barocke Portal, die Tür zur damaligen Bettstatt, war fester Bestandteil des Wohnbereiches und zeigte den Reichtum der Bewohner, denn meist verschloss nur ein Vorhang den Alkoven. Interessant ist auch die Ledermappe eines Steuerbeamten mit der Inschrift »Capsul der Landen Everschop und Utholm, Anno 1755«. Damals gab es in Eiderstedt das Amt des Pfennigmeisters, der Steuerlasteinzugs- und Rechnungsbefugnisse innehatte – die Bezeichnung stammt aus dem Niederländischen. Wer ein solches Amt erhalten wollte, musste eine Kaution von 10.000 Mark aufbringen und 50 Hektar Grundbesitz vorweisen können. Etwa aus derselben Zeit stammt auch eine Steinschlosspistole mit Flintschloss und Ladestock, die einem Kotzenbüller gehörte, der als Leutnant beim »Fühnischen Regiment« der dänischen Armee diente.

Im Museum werden literarische und musikalische Veranstaltungen angeboten. Im Restaurant Olsdorfer Krug tritt die Theatergruppe *Speeldeel* mit plattdeutschen Stücken auf.

40

Nordseebernstein-museum Boy Jöns
Dorfstraße 15
25826 St. Peter-Ording
04863 5611
www.bernsteinmuseum.de

DIE TRÄNEN DER HELIADEN

Nordseebernsteinmuseum

Es gibt eine wissenschaftliche Erklärung für die Entstehung von Bernstein, dem Gold des Nordens. Fossiles Harz von Nadelbäumen der Nord- und Ostseeküste wurde während der Eiszeit durch Gletscher und Schmelzwasser auf den Meeresgrund gespült. Weitaus poetischer klingt die Legende von den Flussnymphen, die den Tod ihres Bruders Phaethon betrauerten. Phaethons weinende Schwestern, die Heliaden, verwandelten sich am Flussufer in Bäume und ihre Tränen härteten zu Bernsteintropfen aus.

Bernstein fasziniert die Menschen seit über 1.000 Jahren. Die Griechen entdeckten seine elektrostatische Aufladefähigkeit und auch andere schätzten ihn als Schmuckstein. Man denke an das berühmte Bernsteinzimmer, das Friedrich I. für Katharina die Große fertigen ließ.

Die erste Adresse für alle, die mehr erfahren wollen, ist das Bernsteinmuseum von Boy Jöns. Obwohl ich gebürtige St. Peteranerin bin, war mir nicht bewusst, dass zwischen unseren Sandbänken ein derart gewaltiges Bernsteinvorkommen lagert. Das liegt vor allem an der eiszeitlichen Grundmoräne, die aus Eider und Elbe bis vor unsere Sandbänke gespült wurde. Eine goldene Regel besagt, dass das Hochwasser nach der weißen Flut, also einer Sturmflut, die Bernsteinflut ist. Man wartet zwei auflaufende Wasser und die Zeit des Niedrigwassers ab, um auf den vorgelagerten Sandbänken von Ording oder Böhl im »Kaffeedick«, dem schwarzen Holzkrümelzeugs, nach dem begehrten Nordseegold zu suchen.

In einem Winter, am vierten Advent, machte Boy Jöns einen seiner aufregendsten Funde. Im Dämmerlicht eines kalten Morgens schimmerte es hellgelb im Sand – ein Würfel aus der Wikingerzeit! Vor 1.000 Jahren schnitzte ein Wikinger Punkte in einen Bernsteinwürfel, der nun im Museum zu bestaunen ist. Für die ausgefallenen Schmuckstücke im Laden kauft Jöns Bernsteine von Sammlern oder Krabbenfischern ein.

Boy Jöns bietet Werkstattkurse und Kinderbernsteinschleifen unter fachkundiger und interessanter Anleitung.

41

Restaurant Wanlik Hüs
Dorfstraße 27
25826 St. Peter-Ording
04863 3030

Friesenstube
Dünenweg 14
25826 St. Peter-Ording
04863 3500
www.friesenstube.net

Restaurant *Wanlik Hüs*

»Gibt es denn auch noch typische Friesenhäuser in St. Peter-Ording?«, fragen viele Gäste. Gibt es. Vor allem im sogenannten Dorf, dem ältesten Ortsteil von St. Peter-Ording, das im Laufe der Jahrhunderte aus drei Orten zusammenwuchs.

Auf einer Warft wurde um 1200 die Kirche St. Peter erbaut. Rings um die Kirchenwarft scharten sich anfangs wenige Häuser im Schutz eines Sommerdeiches gegen die unberechenbare Nordsee. 1553 musste der Ortsteil Süderhöft Böhl seine Eigenständigkeit aufgeben und Ording vereinigte sich 1887 zumindest auf kirchlicher Ebene mit St. Peter. 1967 wurde auch staatsrechtlich der Zusammenschluss der drei Ortsteile unter dem Namen Bad St. Peter-Ording amtlich und die Schlüssel des heiligen Petrus zieren seither das Ortswappen.

Wenn man heute vom Marktplatz unterhalb der Kirche ins alte Dorf spaziert, kommt man durch eine Stöpe, den verschließbaren Deichdurchlass eines Innendeiches. St. Peter-Ording hat fünf solcher Stöpen, die bei Sturmfluten mit Sandsäcken, früher Stroh und Dung, verschlossen werden.

Außer dem Heimatmuseum ist eines der ältesten denkmalgeschützten Häuser des Dorfes das 1656 erbaute Restaurant *Wanlik Hüs*. Auf Friesisch bedeutet das in etwa »Freundliches Gasthaus«. Friesisch spricht man nicht in St. Peter-Ording, aber Plattdeutsch hört man oft – »wi snackt platt«. Die Räume im *Wanlik Hüs* sind gemütlich, was auch an den für Reetdachhäuser typischen niedrigen Decken liegt. Geboten wird vor allem eine gutbürgerliche Küche. Besonders die Fischgerichte mit einer hausgemachten Senfsoße sind bei vielen Gästen beliebt.

Abseits der Hauptstraße versteckt sich an den Dünen die Friesenstube, ein kleines Restaurant, das durch täglich wechselnde Gerichte der Saison und frische Zutaten überzeugt, zum großen Teil aus der Region. Spezielle Fischgerichte müssen vorbestellt werden, doch die Planung lohnt sich.

Bei den Restaurants auf saisonale Gerichte achten und in der Friesenstube die Hummerspezialität vorbestellen.

42
Backhus
Südstrand 1a
25826 St. Peter-Ording
Marktplatz
Schulstraße
25826 St. Peter-Ording
Backhus
2006

Frisches Brot

Backhus und Marktplatz Dorf

Ein Haus nur zum Backen! Allein bei dem Gedanken steigt einem der Duft von frischem Brot und Kuchen in die Nase. Und ich meine nicht die Industriedüfte, mit denen man im Supermarkt bombardiert wird. Gegenüber vom Marktplatz im Ortsteil Dorf wurde auf Initiative der *AG Orts-Chronik SPO* ein Backhaus nach historischem Vorbild erbaut.

Eine preußische Karte von 1873 zeigte nahe dem Restaurant *Wanlik Hüs* ein kleines Backhäuschen und im Brandkataster ist ebendort ein Brand aktenkundig geworden. Da keine Abbildungen dieses Gebäudes existierten, orientierte man sich beim Entwurf an einem anderen Nachbau in Fahrentoft. Im 19. Jahrhundert und auch lange danach war Brennholz knapp und der Ofen wurde an den Backtagen, an denen die Bewohner der Umgebung mit ihrem Teig kamen, mit Schaf- und Kuhmist oder Torf geheizt. 2006 wurde das Backhus in SPO unter fachkundiger Anleitung in Betrieb genommen. Auch Bäckermeister Hans Siercks half dabei mit. Das Haus fand begeisterte Aufnahme und während des Dorffestes, das donnerstags im Juli und August stattfindet, setzt man regelmäßig den Ofen in Gang. Wer möchte, kann selbst gemachten Teig zum Backen mitbringen oder sich an den frischen Backwaren freuen.

Jeden Mittwoch ist in SPO Markttag. Das Angebot besticht durch seine Bandbreite und vor allem frisch geerntetes Gemüse und Obst aus Eiderstedt und Dithmarschen liegt dann auf den Tischen. Für die Gegend typische Fische wie Schollen und Aale wurden früher mit der Prigg gestochen – einem Holzspeer. Vor dem Marktplatz begegnet man der Skulpturengruppe *Jan und Gret,* einem Denkmal für Schollenfischer (er) und »Porrenstriker« (sie): Menschen, die Krabben mit der Gliep, einem Schiebenetz, fingen. Jan und Gret sind historisch belegt und sollen an die »Lütten Lüüd« erinnern, die vor dem Tourismusboom an der Küste ein bescheidenes Dasein fristeten.

Historische Wanderungen durch St. Peter-Ording werden mit fachkundiger Führung angeboten. Treffpunkt ist am Marktplatz bei *Jan und Gret.*

48

Salzwiesen
Ausgangspunkt Südstrand:
Dünenparkplatz
25826 St. Peter-Ording

PARADIES VOR DEM DEICH

Salzwiesen

Eine Möwe kreist über mir, schreit und lässt sich im Priel nieder, um watschelnd nach Krebsen zu suchen. Der Tisch ist reich gedeckt und sogar auf den Trampelpfaden durch die Salzwiesen findet man immer wieder Krebse, die von der Flut angespült wurden. Tief atme ich die klare, salzige Luft ein und spaziere durch dieses naturbelassene Paradies. Es gluckert leise um mich her und der warme Schlickboden fühlt sich weich unter meinen nackten Fußsohlen an.

Die Salzwiesen, auch Vorland genannt, sind die Kampfzone zwischen Meer und Land. Dort verfestigen dichte Rasen von Mikroalgen die Schlickpartikel und oberhalb der Flutlinie kann sich die erste geschlossene Vegetationsdecke bilden, in der sich salztolerante Arten wie Strandaster oder Strandsode ansiedeln. Ursprünglich Salzsode genannt, erkämpft sich die einjährige Pflanze mit den dickfleischigen Blättern von Mai bis September ihren Lebensraum. Sie wächst auf kahlem Schlick und nimmt so viel Salz auf, bis sie schließlich an einer Salzvergiftung stirbt und nur als Samen überlebt. Durch Trocknen und Verbrennen wurde früher Soda zum Wäschewaschen aus der Pflanze gewonnen.

Nähert man sich dem Deich, weichen die salztoleranten Arten einer Vielzahl von Blütenpflanzen, wie der Lücken-Segge, dem Salz-Rotschwingel oder dem Nordsee-Enzian, besser als Tausendgüldenkraut bekannt. Vor mehr als 20 Jahren fand man sogar noch die kleinste Orchidee Schleswig-Holsteins im Vorland des Ortsteils Bad. Wer aufmerksam durch den schmalen Dünengürtel vor den Prielen geht, entdeckt Kaninchenbauten, manchmal erweitert sich ein Fuchs einen solchen Bau, und auch Brandgänse brüten hier. Und in der Morgen- oder Abenddämmerung kann man oft Rehe beobachten, die durch das hohe Schilfgras streifen.

Salzwiesen ziehen sich von der Eidermündung bis zu den Außendünen vor dem Tümlauer Koog um die Spitze der Halbinsel Eiderstedt und sind teilweise beweidet.

44

Böhler Leuchtturm
Via Ortsteil Bad
Zum Leuchtturm
25826 St. Peter-Ording

DER LEBENSRETTER

Böhler Leuchtturm

Weithin sichtbar und doch unscheinbar schmiegt sich der dunkle Ziegelturm in die Kurve des Deiches. Mancher Wanderer wird überrascht gewesen sein, wenn er in der Dämmerung durch die Böhler Heide lief und plötzlich von einem Lichtstrahl erfasst wurde, der vom Deich weit über das Meer hinausstrahlte.

18,4 Meter ist der Leuchtturm hoch, der 1892 als Quermarkenfeuer erbaut wurde. Zu einer Zeit, als der Gütertransport auf dem Wasser immer wichtiger wurde, vergrößerte man in Europa das Netz an Leuchttürmen. Das Orientierungsfeuer in Böhl markiert das Eiderfahrwasser und dient den Seeleuten zur Bestimmung ihrer Position. Anfangs war der Leuchtturm nur ein Tagessichtzeichen. Die Laterne, die eine Reichweite von 16 Seemeilen hat, wurde 1914 auf dem runden Ziegelturm angebracht und gibt nun auch nachts Signal.

Der Böhler Strand ist ein beliebtes Revier für Bernsteinsammler und manch einer hat sich schon bei Nebel auf den vorgelagerten Sandbänken verbiestert. In den 1970er-Jahren, ohne Handy und Kompass, war auch ein St. Peteraner an einem kalten Novembermorgen mit seinem Hund weit draußen auf den Sandbänken in Böhl unterwegs. Ein kalter Wind trieb plötzlich dicke Nebelschwaden von der See über den Sand und die Flut setzte ein. Mit den Gedanken bei seinem Hund und den Blick auf den Spülsaum gerichtet, in dem sich der Bernstein versteckt, hatte er nicht auf die Gezeiten geachtet und war plötzlich vom Seenebel umhüllt. Das Wasser stieg unaufhörlich und während er glaubte, sich auf den Deich zuzubewegen, stand er bald bis zu den Knien in der kalten See. Der Hund hatte sich an seine Fersen geheftet und der St. Peteraner gestand später, dass er noch nie Angst im Meer gehabt hätte – bis zu jenem Tag. Es waren Stunden vergangen, bis plötzlich das Leuchtfeuer von Böhl ansprang und Mann und Hund den Weg ans rettende Ufer zeigte.

Mit dem Rad oder zu Fuß kommt man auf dem Deich nach Böhl. Der Golfplatz liegt hinter dem Leuchtturm, der Pfahlbau *Salt & Silver am Meer* am Böhler Strand.

45

Leuchtturm Westerhever
Ausgangspunkt: Parkplatz
Ahndelweg 4
25881 Westerhever

DAS FACETTENREICHE WAHRZEICHEN

Leuchtturm

Wer kennt ihn nicht, den rot-weißen Leuchtturm von Westerheversand? Ein Brauhaus machte den Leuchtturm zum Werbemotiv und damit weit über die Grenzen Eiderstedts hinaus bekannt. Der Leuchtturm ziert Briefmarken und so manches Souvenir und ist viel mehr als nur ein Wahrzeichen. Sein Leuchtfeuer weist seit über 100 Jahren Schiffen den Weg und hat manchem verirrten Wattwanderer das Leben gerettet.

1906 wurde der Turm auf einer vier Meter hohen Warft, Eichenpfählen und einem Betonsockel errichtet. 608 gusseiserne Platten, die Tübbings, wurden miteinander verschweißt und mit rot-weißen Streifen bemalt. Zwei baugleiche Wärterhäuser flankieren den 41,5 Meter hohen Turm. Ein Leuchtturmwärter bewohnte bis 1978 die Häuschen und versorgte die Kohlebogenlampe. Heute beherbergen die Häuser eine Station des Nationalparks Wattenmeer. Das Leuchtfeuer wird automatisch von Tönning aus überwacht. 1.000 Meter vor dem Seedeich trotzt der Leuchtturm inmitten der Salzwiesen den Elementen. Bis heute gelangt man nur zu Fuß zum Turm. Und das macht den Reiz dieses Ausflugszieles aus. Man nimmt sich Zeit und spaziert über den historischen Stockenstieg, einen schmalen, mit Ziegeln geklinkerten Weg, durch die unvergleichliche Landschaft und lässt den Blick bis zum Horizont schweifen. Wer möchte, erklimmt die 157 Stufen bis zur Turmspitze und schaut von oben über die Inselwelt.

Nahe der Dorfwarft von Westerhever lag die Wogemannsburg. Nach der Groten Mandränke, der Sturmflut von 1362, hatten sich dort heimatlos gewordene Fischer und Bauern zusammengerottet. Raubend und mordend zogen sie durchs Land, bis der tapfere Amtmann Owe Hering sie 1370 mit seinen Männern bezwang. Die Burg wurde zerstört und ihre Steine zum Bau der Kirche St. Stephanus genutzt.

Heiratswillige können sich im Leuchtturm das Jawort geben und werden auf Wunsch mit einer Kutsche durchs Watt gefahren.

46

Friesische Schafskäserei
Kirchdeich 8
25882 Tetenbüll
04862 348
www.friesische-schafskaeserei.de

Allein unter Schafen

Friesische Schafskäserei

Fast wäre ich an dem kleinen Hinweisschild hinter Tetenbüll vorbeigefahren. Das dichte Grün der Heckenrosen, hohes Schilfgras in den Gräben und riesige alte Linden, Eschen und Weiden lenken vom Bauernhaus der Volquardsens ab. Doch man sollte die Augen offen halten, denn der Besuch der Schafskäserei ist ein Erlebnis. Monika und Redlef Volquardsen sind studierte Biolandwirte und begrüßen jeden Besucher herzlich. Man fühlt sich sofort wohl in dem alten Bauernhaus auf der Warft. Kind, Hund, Katze und zwei Generationen Familie samt Mitarbeitern begegnen mir in dem blitzsauberen Hofladen und der gegenüberliegenden Landhausküche. Hier trinke ich zum ersten Mal Kaffee mit frischer Schafsmilch und bin begeistert!

Das Bauernhaus im englischen Stil wurde auf Gewölbekeller aus dem 18. Jahrhundert gesetzt und ist von Wehrgräben umgeben, die aus der Wikingerzeit stammen. Heute ist der Keller idealer Reifeplatz für die Käse, die bei konstanten 13 Grad liegen müssen. Die Volquardsens halten 120 Ostfriesische Milchschafe auf 66 Hektar Dauergrünland. Und weil sich die Familie der Biolandwirtschaft verschrieben hat, wachsen auf den Weiden verschiedenste Kräuter, die Milch und Käse den unverwechselbaren Geschmack verleihen.

»Kann ich den Hund bei der Arbeit sehen?«, frage ich und streichle den Border Collie, der schon aufmerksam die Schafe beäugt. Ein Kopfnicken und ein leises »Away« von Redlef Volquardsen lassen den Hütehund sofort davonschnellen. Wir gehen auf die Weide und ich sehe bewundernd zu, wie der Hund blitzschnell auf die leisen Kommandos reagiert und die Schafherde direkt auf uns zutreibt. Innerhalb kürzester Zeit bin ich von Schafen umringt, deren anmutige, dunkle Gesichter mich mustern. Das Fell ist weich und die Hufe auch, stelle ich erleichtert fest, denn Flipflops sind auf der Weide nicht das beste Schuhwerk.

Entdeckungsreise mit allen Sinnen nennt sich die Führung für Hofbesucher, die Einblick in Schafzucht, Ökolandbau und Käserei gewinnen möchten.

47

Tetenbüllspieker
Everschoper Straße 23
25882 Tetenbüll
www.spo-eiderstedt.de

Restaurant Spieskommer
Everschoper Straße 1
25882 Tetenbüll
04865 901290
www.spieskommer.de

DAS RÄTSEL DER SANDBANK

Tetenbüllspieker

Die »grüne« Badestelle von Tetenbüllspieker, auch »Everschopsiel« genannt, ist bei den Einheimischen beliebt. Bei Flut kann man direkt ins Meer springen und baden, ohne vorher Kurabgabe an einer »Mautstelle« bezahlen zu müssen. Bei Niedrigwasser zieht sich das Meer zurück und gibt das schlickige Watt frei. Ist die Sicht klar, kann man weit bis nach Pellworm und Nordstrand sehen.

Nach der Marcellusflut von 1362 war Everschop eine Insel. Der Name leitet sich vom Gezeitenstrom Hever ab. Durch die Landgewinnung wuchsen die auseinandergerissenen Landstücke, die Harden, wieder zusammen.

Heute bietet dieser reizvolle Grasstrand auch einen kleinen Segelhafen, Anlegestelle für Jachten während der Sommermonate. Noch heute laufen auch Krabbenkutter ein, früher konnte man fangfrische Krabben direkt von Bord kaufen. Eine Dusche ist heute noch vorhanden, und ein kleines Restaurant vor dem Deich lädt zum Imbiss ein. *De Spieskommer* überrascht mit frischen regionalen Speisen und bietet viele landestypische Fischgerichte an.

Besonders für Literatur- und Filmfreunde interessant: Im Jahr 1984 war Tetenbüllspieker neben Husum und SPO ein Drehort für die Fernsehserie *Das Rätsel der Sandbank* mit Burghart Klaußner und Peter Sattmann. Sie basiert auf dem Buch des irischen Schriftstellers Robert Erskine Childers. Die Handlung beginnt um 1900, als der junge Engländer Carruthers von einem Freund zur Entenjagd auf eine Jacht in der Nordsee vor Norderney eingeladen wird. Spannende Verfolgungsjagden per Schiff wurden in den Prielen bei Tetenbüllspieker gedreht. Im Hafen spielen entscheidende Szenen vor eigens für den Film aufgebauten Hüttenattrappen. Auch die Hafenmauer wurde aufwendig mit einer Plane verkleidet. Wenn man genau hinsieht, erkennt man im Film das Pumpenhaus hinter dem Deich, das um 1900 so noch nicht dort gestanden hat.

Das Rätsel der Sandbank eignet sich sehr gut als Hauptzutat für einen nostalgischen Kinoabend zu Hause – gerade, wenn man die Drehorte kurz zuvor besucht hat.

48

Herrenhaus Hoyerswort
25870 Oldenswort
04864 2039838
www.hoyerswort.de

Warft voller Überraschungen

Herrenhaus Hoyerswort

Eine Insel aus Wald erwartet uns heute. Wir wollen zum Herrenhaus Hoyerswort, das sich hinter altem Baumbestand versteckt. Auf einer Art Eiland steht es tatsächlich, nämlich auf einer Warft, einer Erhebung aus dem Marschland.

Nicht nur die Bäume, die den fast immerwährenden Wind abmildern, auch ein doppelter Wassergraben schützt das prächtige Gebäude – einst sogar mit einer Zugbrücke versehen. Heute überquert man vom Parkplatz aus den Graben ungehindert, denn inzwischen sind Besucher herzlich willkommen. Mit seinen geschwungenen Giebeln und dem achteckigen Treppenturm mutet der Renaissance-Bau an wie ein Schloss. Das einzige Herrenhaus auf Eiderstedt wurde von Caspar Hoyer erbaut, nach dem es auch benannt ist. Die zweite Silbe seines Namens bezeichnet eine »Wurt«, eine Warft, in diesem Fall also »Hoyers-Warft«.

Ein kleines Museum auf dem Anwesen bringt uns die Geschichte Hoyersworts näher. In der Marschentöpferei Jordy können wir zudem zusehen, wie Fliesen in holländischer Tradition von Hand hergestellt und bemalt werden. Im Café stärken wir uns nach dem Rundgang bei selbst gemachten Kuchen und einer der angebotenen Kaffeespezialitäten. Oder bei einem Glas des Apfelweins, der aus Äpfeln von der hauseigenen Streuobstwiese vor Ort hergestellt wird. Zum Abschluss unseres Ausflugs wandern wir durch den Lustgarten. Unter dem dichten Baumbestand ist seit 2015 ein Skulpturenpark entstanden, der unter anderem Werke von Pierre Schumann zeigt, einem aus Heide stammenden Bildhauer.

Hoyerswort hat uns überrascht mit seinen vielfältigen Möglichkeiten. Schnell vergeht die Zeit bei einem Besuch, und man kann sogar länger bleiben in einer der Ferienwohnungen. So klein sie ist, die Insel in der Marsch, so viel hat sie zu bieten.

Ein besonderes Erlebnis ist die Führung durchs Prachtgebäude, die der Hausherr Alfred Jordy höchstpersönlich in alter spanischer Tracht veranstaltet.

49

Roter Haubarg
Sand 5
25889 Witzwort
04864 845
www.roterhaubarg.de

Mars-Skipper-Hof
Gardinger Chaussee 3
25832 Kotzenbüll
04861 617480
www.eingartenfuerdie-sinne.de

VON GERICHTEN UND GESCHICHTEN

Museum und Restaurant Roter Haubarg

Mit 30 Metern Länge und 24 Metern Breite ist der Rote Haubarg von wahrhaftig stattlicher Größe. Bis ganz oben sind es mehr als 16 Meter. Obwohl die Wände weiß gestrichen sind, war die Farbe des historischen Bauernhofs Grund für den ersten Teil seines Namens, denn rot war das Mauerwerk oder ein Ziegeldach. Heute wird das Anwesen als Restaurant und Museum genutzt.

Haubarge sind eine urtypische Hausform auf Eiderstedt, die ihre Blütezeit in der zweiten Hälfte des 18. Jahrhunderts erfuhr. Sie zeichnet sich durch den enormen Lagerplatz für Heu und Getreide unter dem Dach aus – daher auch der zweite Teil des Namens, denn in dem Gebäude kann man eine Menge Heu stapeln, Plattdeutsch: »Hau bargen«. Mit der Umstellung auf Fettviehwirtschaft im 19. Jahrhundert wurden die Haubarge jedoch überflüssig und mit ihren hohen Unterhaltungskosten unattraktiv. Die meisten wurden umgebaut oder abgerissen.

Durch das kleine Museum und den Restaurantbetrieb ist der Rote Haubarg öffentlich zugänglich.

Beim Genuss der regional geprägten Speisen erzählt man sich dann gerne die Sage vom Werk des Teufels, das der Rote Haubarg eigentlich sein soll. Denn einst wohnte hier ein armer Schlucker, der die Tochter des reichen Nachbarn liebte. Er versprach dem Beelzebub seine Seele, wenn dieser ihm über Nacht vor dem ersten Hahnenschrei ein großes Heim errichten würde. Der legte los, und dem jungen Mann wurde angst und bange. Gerettet hat ihn seine zukünftige Schwiegermutter. Bevor das letzte Fenster fertig war, schüttelte sie den Hahn so kräftig, dass der vor Schreck krähte. Daraufhin musste der Teufel abziehen ohne die Seele des Mannes, der nun das Wohlwollen des gestrengen Nachbarn erwarb – kein Wunder bei so einem stattlichen Haus!

Einen – immer noch roten – Haubarg auf andere Weise erleben kann man auf dem Mars-Skipper-Hof in Kotzenbüll. Über 80 Spielstationen laden zum Schärfen der Sinne ein.

50

Grachtenfahrt Friedrichstadt
(April–Oktober)
Anleger: Am Deich od. Treeneufer 1
25840 Friedrichstadt

Tourist-Info Friedrichstadt
Am Markt 9
25840 Friedrichstadt
04881 93930
www.friedrichstadt.de

VERTRÄUMTE WASSERWEGE

Grachtenfahrt

Blätter streifen sanft über das Boot, während es leise plätschernd durch das ruhige Wasser der Treene fährt. Eine Entenfamilie lässt sich vom Ufer ins Wasser gleiten und ich lehne mich zurück und genieße die Flussidylle …

»Nicht einschlafen, treten, sonst rammen wir gleich den Brückenpfeiler«, kommt es mehr scherzhaft von der Seite, wo meine Freundin eifrig in die Pedale tritt. Wir müssen tatsächlich etwas Fahrt aufnehmen, um keines der am Ufer vertäuten Boote zu schrammen und schließlich gerade noch die Kurve um den Pfeiler zu bekommen.

Wer sich nicht anstrengen möchte, kann in den Grachten von Friedrichstadt alternativ eine Rundfahrt auf einem der flachen Ausflugsboote mitmachen. Mit ihren Glasdächern erinnern sie stark an ihre holländischen Pendants, was kaum überrascht, denn schließlich schippern wir hier durch Klein-Amsterdam.

Der Mittelburggraben durchzieht den alten Stadtkern von Friedrichstadt, und man kann von hier aus am Ufer die historischen Stufengiebelhäuser mit den alten Hausmarken und eisernen Jahreszahlen über den niedrigen Türstürzen sehen. Wer möchte, legt an und spaziert durch die Altstadt, wo in einem der ältesten Handelshäuser mit Doppelgiebel aus dem Jahr 1624 das Teehaus mit ausgesuchten Spezialitäten zu finden ist. Der Verkaufsraum mit Sichtbalken, den lehmverputzten Wänden und der Upkammer mit zwei Alkoven ist eine historische Rarität.

Setzt man die Bootstour fort, fährt man vielleicht bis zur Blauen Brücke, welche die Treene kurz vor ihrer Mündung in die Eider überspannt. Die kleine Klappbrücke mit den hoch angebrachten Gegengewichten scheint einem Van-Gogh-Gemälde entlehnt zu sein. Bei so viel holländischem Flair wundert es nicht, dass Segen und Vaterunser in der Remonstrantenkirche noch heute auf Holländisch gesprochen werden.

Je nach Wetterlage bietet sich ein Tretboot oder eine humorvolle Wasserführung auf einem der großen Ausflugsboote an.

51

Flusslandschaft Eider-Treene-Sorge
Ausgangspunkt:
Naturschutzstation Eider-Treene-Sorge
Goostroot 1
24861 Bergenhusen
04885 902064
www.eider-treene-sorge.de

Auf Störtebekers Spuren

Niederungsgebiet Eider-Treene-Sorge

Mit 160.000 Hektar zählt die Flusslandschaft Eider-Treene-Sorge zu den letzten zusammenhängenden Niederungsgebieten in Europa. Das riesige Flussgewässersystem wurde durch die Eiszeiten geschaffen, die den drei Flüssen ihr Bett ebneten. Die Auswirkungen von Tide und Sturmfluten reichen weit in die Flusslandschaft hinein, die von Geestinseln, den sogenannten Holmen, und Niedermooren geprägt ist.

Lange waren die Flüsse Teil eines wichtigen Handelsweges, der von der Nordsee über Eider und Treene, streckenweise über Land, und schließlich über die Schlei bis zur Ostsee führte. Es geht die Sage, dass der legendäre Vitalienbruder Klaus Störtebeker, der im 14. Jahrhundert die Nordsee als Seeräuber unsicher machte, an der Treene bei Schwabstedt einen Schlupfwinkel unterhielt, in dem er eine goldene Kette vergraben haben soll.

Im Laufe der Jahrhunderte wurde die vom Wasser geprägte Landschaft durch Schleusen und Entwässerungen stark verändert. Moore und Feuchtflächen sind heute vom Naturschutz gesichert und bieten vielen Tier- und Pflanzenarten Entfaltungsraum. Der Anblick von leuchtend gelbem Gilbweiderich oder den lila Blüten der Sumpf-Kratzdistel erfreut Wanderer, Radler oder Reiter. Bekannt ist die Flusslandschaft für ihren Weißstorchbestand, doch auch Schilfrohrsänger, Bekassine oder die Rohrweihe gehören zu den hier beheimateten Brutvögeln.

Erleben kann man diese Naturlandschaft auf vielen kartierten Wegen, die mit Hinweisschildern, Lehrpfaden und Aussichtspunkten versehen sind. Kanufahrten sind genauso möglich wie naturkundliche Führungen. Seit 2009 gibt es den Deichwanderweg entlang der Untereider zwischen Nordfeld und Tönning. Von der Deichkrone aus schaut man auf Flusswatten und Feuchtwiesen und kann Deichbruchstellen entdecken oder Zwergschwäne beobachten.

Abseits der Straßen gibt es viele Reitwege mit hufschonendem Untergrund. Auch an Anbindebalken, Schutzhütten und Grillanlagen wurde gedacht.

52

Wildes Moor
Ausgangspunkt:
Parkplatz Hollbüllhuus
25876 Schwabstedt
www.stiftungsland.de

Kirche St. Jakobi
Kirchenstraße
25876 Schwabstedt
www.kirche-schwabstedt.de

Wolken von Wollgras

Wildes Moor

Hinter Hollbüllhuus beginnt der Spaziergang in die fast baumlose Welt des Hochmoors. Mindestens eine Stunde Zeit sollte man sich nehmen, um gemütlich zu schlendern, zu lauschen und zu beobachten. Ein Kuckuck ruft in periodischen Abständen. Und im Moor beginnt der Boden zu erzählen, Geschichten aus der Nacheiszeit, 10.000 Jahre alt.

Zunächst nimmt sich das Wilde Moor wie eine Wiesenlandschaft mit dunklen Flecken aus. Dazwischen Moorlilien, Moosbeeren und Wollgras, Anzeichen einer dem Sumpfland eigenen Flora und Fauna. Wer sich partout nicht blicken lässt? Der seltene Moorfrosch. Immerhin kann man seine Rufe während der Paarungszeit zwischen März und Mai hören. Hin und wieder glitzert der Boden, und wo das Wasser steht, führt ein Lehrpfad ebenen Weges über Bohlen durch das Gebiet.

Einst wurde in großem Stil Torf abgebaut, doch in den letzten Jahrzehnten die Landschaft renaturiert. Denn das Moor erfüllt eine wichtige Aufgabe, gerade in Zeiten des Klimawandels. Die Torffläche bindet CO_2, das bei Entwässerung freigesetzt würde. Daher wurde das Wilde Moor als 631 Hektar großes Naturschutzgebiet eingerichtet. Linker Hand ein schlammiges Loch, daneben Torfstücke, wie sie im 19. Jahrhundert als Brennmaterial dienten. Wer mag, verlässt den Bohlenweg und geht mit federndem Schritt über den Torfboden, um die Geschichte und den Torf zu fühlen. Am Ende des Lehrpfads taucht eine Schilfhütte im Grünen auf. Der Weg dorthin ist breit und grün. Wer mag, steigt über die einfache Leiter zum Aussichtspunkt der Hütte. Weit hinauf führt sie nicht, und von oben ist vielleicht ein Braunkehlchen auf der sumpfigen Wiese auszumachen. Eine Rohrdommel oder ein Brachvogel. Eine Bekassine, die mit ihrem langen Schnabel im Gras pickt.

In Schwabstedt steht eine der ältesten Kirchen Nordfrieslands, der mittelalterliche Feldsteinbau Sankt Jacobi mit wunderschönem Schnitzaltar, spätgotischem Anbau und separatem Glockenturm aus Holz.

Theodor-Storm-Haus
Wasserreihe 31
25813 Husum
04841 8038630
www.storm-gesellschaft.de

Tourist-Information Husum
Großstraße 27
25813 Husum
04841 89870
www.husum-tourismus.de

AM GRAUEN STRAND, AM GRAUEN MEER

Theodor-Storm-Haus an der Wasserreihe

Es ist normal, dass Japaner in Gruppen vor dem David in Florenz oder im Louvre stehen und Kunstwerke in ein Blitzlichtgewitter tauchen. Aber wenn man dasselbe Phänomen in der Husumer Wasserreihe beobachtet, stutzt der unbedarfte Spaziergänger – bis man näher tritt und die Plakette an dem alten Haus entdeckt. Sie trägt die Inschrift: »Hier wohnte der Dichter Theodor Storm 1857–1864.«

Ich mag Husum sehr. Vor allem die alten Gassen mit dem holprigen Kopfsteinpflaster, die zum Hafen hinunterführen. Die Wasserreihe gehört zu den ältesten und mit den kleinen Fischerhäusern und dem Storm-Haus zu den charmantesten Ecken der Stadt.

Am 14. September 1817 erblickte Theodor Storm in einem Haus am Markt das Licht der Welt. Die graue Stadt am Meer, wie er Husum später poetisch beschreibt, wird ihn nie loslassen, auch wenn die Politik der dänischen Besatzer ihn anfangs ins Exil nach Potsdam treibt.

»Der Nebel drückt die Dächer schwer, / Und durch die Stille braust das Meer«, schrieb Storm über Husum und wie kein anderer verstand er es, Menschentragik und Naturgeheimnis, das Dunkle und Schwere der Meeresmystik und -gewalt in seinen Novellen darzustellen. Unvergessen bleibt der Dichter und es wundert nicht, dass es weltweit Storm-Gesellschaften gibt. Der Besuch des kleinen Storm-Museums lohnt nicht nur bei Regenwetter. Ich bin schon oft dort gewesen und komme doch immer wieder ins Träumen, wenn ich den Schreibtisch des Dichters sehe. Hier flog die Feder über das Papier und es entstanden Novellen wie *Der Schimmelreiter* oder *Von Jenseit des Meeres*.

Wer weiter auf Storms Spuren wandeln möchte, geht zum Marktplatz, wo sich historische Stufengiebelhäuser drängen, und spaziert durch den alten Torbogen hinüber zum Schloss. Es fällt nicht schwer, sich vorzustellen, wie der Dichter in Gedanken versunken genau hier entlangschlenderte …

Jedes Jahr im August finden die Husumer Hafentage statt, die sich zum größten Volksfest an der schleswig-holsteinischen Nordseeküste gemausert haben.

54

Schloss vor Husum
König-Friedrich-V.-Allee
25813 Husum
04841 2545
www.museumsverbund-
nordfriesland.de

BACKSTEINRENAISSANCE IN NEUER PRACHT

Schloss

Ein melodiöses Tonwirrwarr klingt aus dem Schlosshof und erfüllt die laue Sommernacht mit einem besonderen Zauber. Weiße Tischtücher flattern leicht in der warmen Brise, als wir den Innenhof betreten, in dem sich das Streichquartett einstimmt. Wir hatten Glück und konnten noch Karten für ein Konzert des *Schleswig-Holstein Musik Festivals* ergattern. Das Renaissanceschloss bietet genau den richtigen Rahmen für ein hochkarätiges musikalisches Ereignis und hat sich zu Recht einen Namen als außergewöhnlicher Veranstaltungsort gemacht.

Als Franziskanerkloster im 15. Jahrhundert gegründet, wurde der Bau lange als Armenhaus und Lateinschule genutzt. Ende des 16. Jahrhunderts ließ Herzog Adolf I. das Kloster abreißen und an seiner Stelle das Schloss errichten. Im Stil der niederländischen Renaissance erbaute man eine offene dreiflügelige Anlage mit Mittelturm auf der Schlossinsel. Von den zahlreichen Nebengebäuden blieben nur das Tor- und das Kavalierhaus erhalten. Ab 1750 und unter Herzogin Auguste kam es zu einigen entscheidenden Reduzierungen des einstmals prächtigen Gebäudes, doch noch immer kann der sorgfältig restaurierte Bau inmitten des Schlossparks überzeugen.

Der fünf Hektar große Park ist landesweit für die Krokusblüte berühmt: In jedem Frühjahr bedeckt ein violettes Blütenmeer den Park. Man nimmt an, dass die Krokusse zur Zeit der verwitweten Herzoginnen gepflanzt wurden, die das Schloss über die Jahrhunderte bewohnten. Ganz in der Tradition des Grauen Klosters versuchte man sehr wahrscheinlich, Safran aus den Blüten zu gewinnen, was mit der Spezies *Crocus napolitanus* jedoch nicht gelingen konnte.

Im Schloss fand die Kreismusikschule Unterkunft und das Schlossmuseum zeigt seit einigen Jahren die ehemaligen Repräsentationssalons, die Kapelle und wechselnde Kunstausstellungen.

Schauen Sie in den Veranstaltungskalender des Schlosses, der im Sommer musikalische Leckerbissen bietet. Das Schlosscafé befindet sich im historischen Gewölbe.

55

Dragseth's Gasthof
Zingel 11
25813 Husum
04841 779995
www.dragseths-gasthof.de

Schifffahrtsmuseum Nordfriesland
Zingel 15
25813 Husum
04841 5257
www.schiffahrtsmuseum-nf.de

WO DIE VIEHHÄNDLER EINKEHRTEN

Dragseth's Gasthof

Noch ein Blick in den Binnenhafen, wo vielleicht gerade Ebbe herrscht und die Boote im Schlick stehen. Nur das Wasser der Mühlenau plätschert leise aus der Zingelschleuse. *Dragseth's Gasthof,* das älteste Wirtshaus in Husum, liegt nur ein paar Schritte entfernt. Die jungen Linden sind artig geschnitten und bilden den perfekten Rahmen für das gedrungene Gebäude aus dem 16. Jahrhundert, einer ehemaligen Ausspannwirtschaft. Bauern und Viehhändler kamen über den historischen Ochsenweg nach Husum und verkauften dort ihre Rinder auf dem einst bedeutungsvollen Viehmarkt. Während die Architektur an die alten Zeiten erinnert, lassen sich im Innern regionale Küche und neue Kreationen entdecken.

Ein paar Bänke und Tische finden im Sommer zwischen den Bäumchen Platz, auf den Plätzen im Innenhof sitzt man gemütlich bis rustikal über altem Pflaster. *Dragseth's Gasthof* bietet neben Hausmannskost mit einem gewissen Dreh eben das pure Nostalgie-Gefühl. Mit hauptsächlich lokalen Zutaten kreieren der Küchenchef und sein Team lokale Spezialitäten wie Labskaus, Sauerfleisch oder Scholle sowie vegetarische Alternativen. Etwa ein Kräuterrisotto oder *Dragseth's Couscous-Bowl.* Hinzu kommen saisonale Gerichte, wenn sich zum Beispiel im Frühjahr der Bärlauch ausbreitet. Ein Lammbraten mit dem Wildgemüse erweitert dann die Speisekarte.

Auch die Spargelzeit schlägt sich im Menü nieder, und zwar von der Cremesuppe bis hin zu karamellisierten Stangen. So trifft rustikale Küche auf neue, raffinierte Ideen und schafft beliebte vegane Optionen. Etwa Spinatknödel mit lauwarmem Apfel-Belugalinsen-Salat. Das alles in familiärer, freundlicher Atmosphäre. Unter sich biegenden Holzbalken beim historischen Kachelofen zu sitzen, ist bei Regenwetter oder im Winterhalbjahr genauso urig-gemütlich wie der lauschige Innenhof im Sommer.

Besuchen Sie tagsüber das Schifffahrtsmuseum nebenan, in dem unter anderem das auf Eiderstedt gefundene *Zuckerschiff* zu sehen ist, ein 400 Jahre alter Lastensegler.

56

Ostenfelder Bauernhaus
(April–Oktober)
Nordhusumer Straße 13
25813 Husum
04841 2545
www.museumsverbund-nordfriesland.de

Nordfriesland Museum
Nissenhaus
Herzog-Adolf-Straße 25
25813 Husum
04841 2545
www.museumsverbund-nordfriesland.de

Leben und Überleben

Ostenfelder Bauernhaus

Mitten in der Stadt ein Freilichtmuseum? In Husum gibt es das. Ein wenig zurückgesetzt steht von Bäumen umgeben das Ostenfelder Bauernhaus. Fern vom Straßenlärm taucht man darin in eine längst vergangene Epoche ein.

Dabei ist das Bauwerk nicht nur bemerkenswert als Zeitzeugnis eines einstigen bäuerlichen Lebens. Erstaunlich ist auch die Geschichte, wie es erhalten blieb. Das nach seinen Besitzern benannte *Heldt'sches Haus* hatte bereits Ende des 19. Jahrhunderts das Interesse der zeitgenössischen Forschung erregt. 1899 wollten die Dänen es für ihr Volkskundemuseum erwerben. Zu diesem Zweck reisten sie Anfang desselben Jahres nach Süden. Glücklicherweise lauschten ein paar Husumer ihren Gesprächen und bekamen Wind von ihrer Absicht. Kurz entschlossen schnappte man das Gebäude den Konkurrenten aus dem Norden vor der Nase weg.

Das Haus samt allen niet- und nagelfesten Gegenständen wurde abgebrochen und in Husum wieder aufgebaut. Lediglich das Wandpaneel aus dem Pesel ging den Husumern durch die Lappen. 1986 erwies sich das als glückliche Fügung für dessen Erhalt. Für die Sanierung des Bauwerks lagerte zu diesem Zeitpunkt Reet zur Erneuerung des Daches auf dem Gelände. Unachtsame Kinder fackelten es beim Spielen ab, und das Feuer griff auf die umstehenden Gebäude über. Eine Scheune, die seit 1974 das Ensemble des Museums ergänzte, brannte vollständig nieder. Das Bauernhaus selbst blieb stark beschädigt erhalten. Vier Jahre dauerte seine Restaurierung. Und das Pesel-Paneel konnte nach Vorbild des Originals im dänischen Museum rekonstruiert werden.

Auf diese Weise entstand das älteste deutsche Freilichtmuseum. In ihm lebt nicht nur die Tradition des bäuerlichen Lebens des 18. und 19. Jahrhunderts weiter – das Haus selbst erzählt selbst eine spannende Geschichte vom Überleben.

Ein anderes Museum in Husum, das Nissenhaus, berichtet über weitere kulturelle Entwicklungen und Traditionen an der Nordseeküste.

57

Weihnachtshaus
Westerende 46
25813 Husum
04841 6685908
www.weihnachtshaus.info

O du fröhliche

Weihnachtshaus

Weihnachten war bei uns zu Hause ein entspanntes Familienfest. Die Eltern kochten gemeinsam, Mutter den Grünkohl, Vater die süßen Kartoffeln. Nach dem Essen wurden die Geschenke ausgepackt, immer reihum, damit jeder alle bewundern konnte. Das war unser kleiner Familienbrauch. Dass das Christfest mit süßem Gebäck und den Gaben unterm Tannenbaum eine viel längere Tradition hat, war uns bewusst. Das Weihnachtshaus in Husum überrascht uns allerdings mit der Vielfalt dessen, was man über das Hochfest in Deutschland wissen kann.

Das Museum ist in einem Stadthaus aus den Gründerjahren beheimatet. Auf drei Etagen wandern wir durch die Geschichte der Weihnachtszeit. Lametta etwa hat sich im Laufe der Jahrzehnte von schmal geschnittenen Edelmetallstreifen über Stanniol mit Bleikern – damit es schöner herunterhängt – zu Alu oder metallisiertem Kunststoff gewandelt. Als Ersatz wurden im Zweiten Weltkrieg sogar Metallstreifen an den Baum gehängt, die aus Flugzeugen abgeworfen oder mit Raketen verschossen worden waren, um die Ortungsgeräte des Gegners stören.

Wir bestaunen die von der Decke hängenden Schwebeengel mit ihrem Reif aus Kerzenhaltern, traditionsreicher Dekor, der in Norddeutschland nicht zum Einsatz kommt. Sie stammen aus dem Erzgebirge wie viele Stücke, die das festliche Wohnzimmer zu Heilig Abend schmücken, allen voran die Holzpyramiden. Nussknacker, Krippen, Gebäck und sogar Theodor Storms Weihnachtsbaum warten zudem in weiteren Räumen auf uns.

Nach dem Rundgang durch die Ausstellung erreichen wir den Laden im Erdgeschoss. Die riesige Auswahl an Weihnachtsdekoration macht es schwer, uns zu entscheiden, doch für das nächste Fest müssen wir als Andenken unbedingt ein besonderes Stück mit nach Hause nehmen.

Wenn Sie zu Hause feststellen, dass Ihr Tannenbaum noch viel mehr Bedarf an dem Husumer Schmuck hat, können Sie über die Homepage des Weihnachtshauses weitere Artikel bestellen.

58

Radtour auf Nordstrand
Startpunkt: Süderhafen
Hammchaussee
25845 Nordstrand

Töpferei und Café Teestuv
Süden 42
25845 Nordstrand
0172 5915333
www.nordstrander-toepferei.de

ALLES IM LOT

Radtour über die Halbinsel

Nordstrand ist mühelos über einen verlandeten Damm zu erreichen, egal ob mit dem Auto oder dem Rad. Streng genommen erhält es somit den Status Halbinsel, hat sich aber vieles vom Charme eines Eilands bewahrt. Die Uhren ticken nämlich anders auf Nordstrand. Und mit seiner gefeierten Ruhe und gut ausgebauten Wegen zwingt es sich für eine Radtour geradezu auf.

Starten wir in Süderhafen in der Nähe des Sportboothafens, dem ersten Ort nach Ankunft auf Nordstrand. Hinter der Engel-Mühle aus dem 19. Jahrhundert folgen wir der Evensbüller Chaussee. Alles im Fluss, Wind im Haar, die Geräusche der Marsch im Ohr, das Blöken der Schafe. Genug Wasser im Rucksack? Wunderbar. Nach fünf Kilometern ein Boxenstopp: Wir sind an der Nordstrander *Teestuv* angekommen. Tee oder Kaffee, stellt sich die Frage. Nach der verdienten Pause fahren wir weiter nach Westen, doch gemeint ist neben der Himmelsrichtung auch ein Ort. Von dort ziehen wir parallel zum Deich über die Hörnstraße. Nach 4,6 Kilometern erreichen wir den Hafen Strucklahnungshörn. Hier blicken wir wehmütig der Fähre nach Pellworm hinterher, bevor wir den 9,7 Kilometer langen Rückweg antreten.

Es bietet sich zunächst an, bis Westen vor dem Deich entlangzustrampeln, um das Meeresglitzern so lange wie möglich zu genießen! Wer möchte, macht eine Pause, sucht sich eine Bank und studiert den Rhythmus der Gezeiten. Riecht man das Meer an diesem Tag? Mitten im Wasser ist Hallig Südfall auszumachen. Ein bisschen Entspannung auf dem Deich, die Beine ausstrecken, bevor wir die Tour fortsetzen. Ab Westen folgen wir wieder der Straße Westen und landen in Süden, von wo es über den Herrendeich zurück nach Süderhafen geht. Schäfchenwolken am Himmel, Schafe auf den Wiesen, alles im Lot.

Die Nordstrander *Teestuv* gehört zur gleichnamigen Töpferei. Kaffee und Kuchen werden auf hauseigenem Geschirr serviert, das im Laden nebenan erhältlich ist. Ein originelles Souvenir!

59

Pharisäerhof
Elisabeth-Sophien-Koog 3
25845 Nordstrand
04842 353
www.pharisaeerhof.de

HEISS UND EIS

Pharisäerhof

Der Überlieferung zufolge entstand der Pharisäer – ein starker, gesüßter Kaffee mit Rum und Sahne – im 19. Jahrhundert auf der damaligen Insel Nordstrand. Anlässlich eines Fests wurden Zuckerstücke mit Alkohol beträufelt, in den Kaffee gegeben und dieser mit einer Sahnehaube bedeckt. So sollte der anwesende, recht strenge Pastor keinen Wind davon bekommen, ergo den Rum in den Getränken der Anwesenden nicht riechen. Am Ende fiel der Schwindel jedoch auf, und der Geistliche soll erzürnt »Ihr Pharisäer!« ausgerufen haben. Die Geburtsstunde des Namens und der Erfolgsgeschichte des Heißgetränks, das sich zu einer Art Nationaltrunk in Nordfriesland entwickelte. Die Geburtsstätte des Pharisäers soll der gleichnamige Hof im Elisabeth-Sophien-Koog gewesen sein, etwa zweieinhalb Kilometer Luftlinie von der Wasserkante entfernt.

2011 wurde der Hof mitsamt Café von Familie Scheler übernommen, wobei die Pharisäer-Tradition natürlich fortgeführt wurde. Viel Neues kam hinzu, denn der ehemalige Binnenschiffer, seine Frau Kirsten und Tochter Svenja wollten es nicht bei Kaffee und hausgemachtem Kuchen belassen. Im reetgedeckten Haus aus dem 18. Jahrhundert genießen die Gäste abends regional inspirierte Küche. Auf den Tisch kommen Klassiker wie Krabbenbrot, Matjes, Scholle und Lamm, aber auch Vegetarisches. Das selbst kreierte *Muku*-Eis der Schelers ist längst über die Grenzen Nordfrieslands hinaus bekannt. Milch und Sahne dafür stammen von Nordstrand.

Im Innern hat sich die Familie für einen hellen Landhausstil entschieden. Wer nach einem Souvenir sucht, kann sich im nachmittags geöffneten Hoflädchen umsehen. Angeboten werden Marmeladen und Töpferware aus der Region sowie Rosenaufstriche und -liköre von Nordstrand und jede Menge Deko-Artikel.

2013 eröffnete Familie Scheler im neuen Gebäude nebenan ein hundefreundliches Hotel, inklusive einer riesigen Auslauffläche, einem Spa und jeder Menge Extras für die vierbeinigen Freunde.

60

Hamburger Hallig
Ausgangspunkt:
Amsinck-Haus
Sönke-Nissen-Koog 36a
via Straße: Hamburger Hallig
25821 Reußenköge

Hallig-Krog
Hamburger Hallig
25821 Reußenköge
04671 942788
www.hallig-krog.de

DAS LEBEN DER SALZWIESEN

Hamburger Hallig

Insbesondere bei Niedrigwasser, wenn das Meer ein Stück seines Bodens preisgibt, strömt ein starker Duft durch die Luft. Obschon weiter weg, riecht man dann die Nordsee intensiver als bei Flut. Ein idealer Moment, um eine Hallig zu besuchen.

Kein Eiland im Watt ist derart leicht zu erreichen wie die Hamburger Hallig, die gar keine Insel, sondern mit dem Festland verbunden ist. Einfach aufs Rad setzen, das gleich neben dem Parkplatz am Amsinck-Haus auszuleihen wäre, oder die flache Straße zu Fuß laufen.

Es war nicht immer so unkompliziert, auf die Hallig zu kommen. Die beiden Großen Mandränken von 1362 und 1634 hatten das Land mit tosenden Wellen zerpflückt und neu sortiert. Nach etlichen Fehlversuchen wurde der Damm zur Hamburger Hallig erst im 19. Jahrhundert errichtet und versandete langsam. Zuvor hatten die Brüder Amsinck, Kaufleute aus Hamburg, im 17. Jahrhundert die Deichrechte erworben. Der Name der Hallig war fortan geprägt.

Die vier Kilometer lange Strecke zur Wasserkante der Halbinsel führt heute an Salzwiesen vorbei, eine Eigenheit der Küstenlandschaft, eine Art Zugabe des Wattenmeers. Sie entstehen durch die Sedimentablagerungen nach Überflutungen, wachsen und kommen schließlich nur noch bei Sturmflut in Kontakt mit der See. Das Salz bleibt, und weder Strandaster, Strandflieder, Rotschwingel noch Portulak-Keilmelde stört das. Auf dem ausgeschilderten Salzwiesenlehrpfad lässt es sich für ein Weilchen tiefer in die Geheimnisse dieser Welt eintauchen.

Zurück auf der Route stehen Bänke für Ruhepausen bereit. Und zum Genuss der Natur: Vielleicht erhebt sich gerade ein Reiher mit majestätischen Schwingen empor. Die Salzwiese bildet den Lebensraum für zahlreiche Tierarten. Sie gilt als beliebtes Brut- und Rastgebiet für Vögel, darunter Austernfischer und Rotschenkel. Letzterer wird in Nordfriesland liebevoll »Tüter« genannt.

Wer kein Picknick an der Wasserkante einplant, kann sich nebenan im Restaurant *Hallig-Krog* stärken. Egal ob mit Pfannkuchen, Waffeln, Wattenmeersalat oder Krabbensuppe.

61

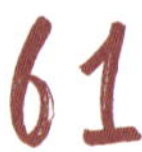

Bottschlotter See
Waygaarderdeich
25899 Dagebüll

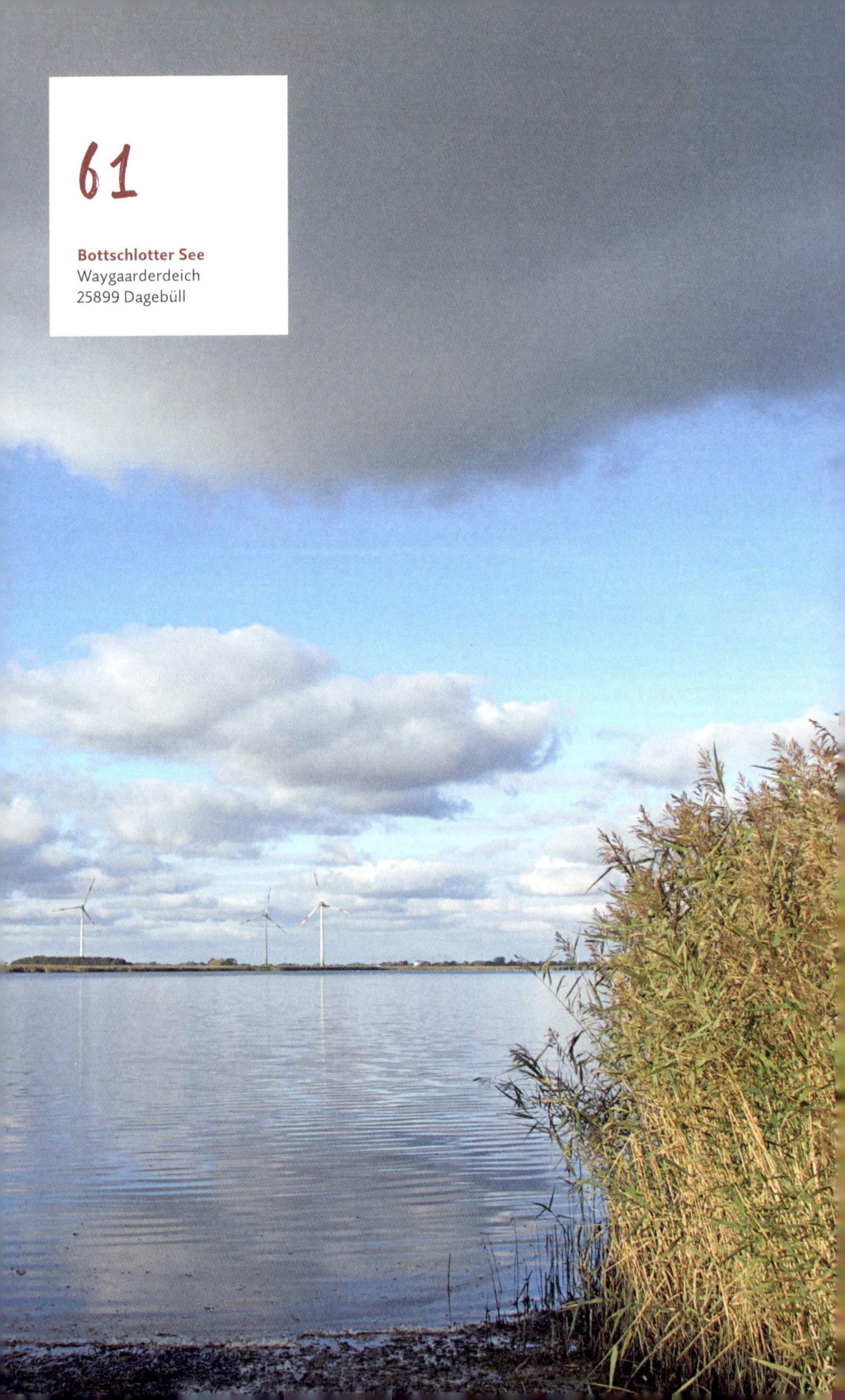

HERBSTSTILLE

Bottschlotter See

Stille, die sich in Farben, Stimmungen, Düften auflöst. Der Geruch von Wasser, das Geschnatter der Gänse. Im Frühjahr und Herbst wirkt der Bottschlotter See wie ein Ort der Meditation. An dem kleinen Platz neben dem Waygaarderdeich bei Fahretoft treffen sich in der Saison Südtonderns Windsurfer. Doch im Oktober herrscht Ruhe am Bottschlotter See, weit und breit niemand zu sehen.

Bevor man durch eine breite Gasse aus übermannshohem Schilf zum See spaziert, fällt der Blick auf die Fenne zur Rechten, hinter der ein Auslassbauwerk in die Höhe ragt. Es bildet einen Teil der Physiognomie der Marschwiesen, aus jener spröden Komposition von Deichen, Sielen, Groden, Kanälen, Gräben, Speicherbecken. Am Bottschlotter See wird der Wasseraustausch mit dem Bongsieler Kanal reguliert. Man kann dieses System von Zu- und Abflüssen bewundern, auch ohne es gänzlich zu durchschauen. Das flache Land strotzt vor Leben. Die Kühe auf der Fenne grasen unermüdlich, man kann ihr Schmatzen hören. Man steht am Ufer, der einzige Mensch weit und breit. Bis von irgendwoher doch Stimmen zu vernehmen sind, während der Wind schweigt. Das Blau des Wassers übt eine Sogwirkung aus.

Man erkennt es nicht mehr, doch der Bottschlotter See ist kein gewöhnliches Binnengewässer. Einst führte er das Wasser eines Priels, eines Meeresarms, durch das Land, bevor es im 17. Jahrhundert eingedeicht wurde. Heute ist der See maximal 1,60 Meter tief, fast überall kann man gut darin stehen, vielleicht um in Wathosen zu angeln. Dafür eignet sich der Ort bestens, abgesehen vom Windsurfen oder Schippern mit motorlosen Booten. Nur der nördliche Teil des Sees bleibt von menschlichen Aktivitäten unberührt. Ein Schwarm von Nonnengänsen erhebt sich rauschend durch die Luft.

Fahren Sie mit dem Rad von Ockholm am Bongsieler Kanal entlang zum Bottschlotter See, eine fünf Kilometer lange flache Strecke. Auf dem Rückweg machen Sie einen Abstecher in den Ort Waygaard, dem man wie Dagebüll die Vergangenheit als Hallig noch ansieht.

62

Badestrand Dagebüll
Am Badedeich
25899 Dagebüll

Dagebüll Niebüll Touristik GbR
Nordseestraße 1
25899 Dagebüll
04667 95000
www.gemeinde-dagebuell.de

GANZ AUS DEM HÄUSCHEN

Baden am Klimadeich

Die im Halbrund an der Wasserkante aufgestellten Badehäuschen und der Fährhafen in Dagebüll gelten als Wahrzeichen der kleinen Stadt an der Nordsee. Viele Besucher befinden sich nur auf der Durchreise nach Amrum oder Föhr. Doch lohnt es sich, im Ort zu verweilen, an dem wir mit besonderem Komfort im Meer schwimmen können.

Schaut man vom Schiff oder Turm am Hafen auf die geschwungene Silhouette der Siedlung, wirkt sie fast wie eine Insel. Durch die Jahrhunderte hat sich die Küstenlandschaft Nordfrieslands immer wieder verändert; so waren Dagebüll, Fahretoft und Waygaard, die heute zum Festland und darüber hinaus zur selben Gemeinde gehören, allesamt einst Halligen. Dagebüll blieb bis zur Eindeichung zu Beginn des 18. Jahrhunderts ein Landfleck im Wasser. Dessen Zentrum bildete der heute zwei Kilometer vom Hafen entfernte Ortsteil Dagebüll-Kirche. Erst 1704 erhielten die Bewohner die Möglichkeit, ihre Heimat besser vor Sturmfluten zu schützen und durch einen Damm mit dem Festland zu verbinden.

Mit Fertigstellung des neuen Klimadeichs erhielt der Ort 2019 ein frisches Aussehen. Natürlich sind schon vorher alle bei Flut ins erfrischende Nass gesprungen, doch nun bietet der Ort mehr Annehmlichkeiten, darunter neue Duschen, Bänke, Umkleiden und Sandkästen für die Kleinsten. Und nicht nur Treppenstufen, sondern eine breite Baderampe führen ins Wasser.

Die Tradition der Badehäuschen ist bereits gut 100 Jahre alt, vermutlich wurden die Buden als Ersatz für die damaligen Badekarren aufgestellt. Im Zuge der letzten Deicherhöhung wären sie fast verschwunden, was die Dagebüller jedoch verhindern konnten. Schließlich geht es nicht nur um die Freude am Badeleben, sondern auch um ein Stück Identität.

Ein paar der neuen Buden gehören der Gemeinde. Man kann eine mieten und authentische Badehäuschenmomente am Wasser erleben.

68

Eck's Kino Niebüll
Hauptstraße 37a
25899 Niebüll
04661 4004
www.filmtheater-niebuell.de

Küstenfeeling Café & Mode
Hauptstraße 37
25899 Niebüll
04661 6075927

KLINGELN VOR DEM FILM

Lichtspielhaus *Eck's Kino*

Bereits im Foyer wirkt das Ambiente lauschig, die Stimmung zwanglos. Gäste, die sich kennen und begrüßen, miteinander reden. Vielleicht liegt es an Niebüll, vielleicht am jeweiligen Film, der eine bestimmte Gruppe von Leuten anzieht. Das feine, kleine Lichtspielhaus vermittelt allein schon eine persönliche Note. Für eine Stadt mit gut 9.000 Einwohnern beherbergt Niebüll mit *Eck's Kino* geradezu einen Schatz, der sich seit den 1950er-Jahren im Familienbesitz befindet. Doch wer nun an ein gewöhnliches Programmkino denkt, der sei eines Besseren belehrt, umso mehr auch die gängigen Streifen gezeigt werden. Auch für Kinder ist einiges dabei.

Die Gäste verteilen sich auf drei Säle, das Große und Kleine Haus sowie das Studio, alle mit einem hervorragenden Raumklang ausgestattet. Popcorn gehört natürlich immer zum kulinarischen Repertoire, doch damit ist es nicht getan. Seit den 1970er-Jahren erfreuen sich im Norden die sogenannten Verzehrkinos großer Beliebtheit. Was bedeutet: Wohnzimmeratmosphäre mit Teppich und Tische mit kleinen Leuchten sowie einer Klingel, um etwas zu bestellen. Am liebsten vor dem Filmbeginn, um die anderen nicht zu stören. Wir gehen über einen gemusterten Teppich, der in einem Schloss liegen könnte, farblich aber perfekt auf das Mobiliar aus Holz und die Cordbezüge abgestimmt ist. Die Lampen sind stoffbezogen und spenden Dämmerlicht.

Der Saal füllt sich rasch, ein isländischer Film scheint die Leute zu interessieren. Kein Wunder, dreht er sich doch um Kühe und Milchproduktion, in Nordfriesland ebenfalls allgegenwärtige Themen. So steht man nach der Vorstellung noch plaudernd beisammen. Wer nicht zu satt vom Popcorn ist, nimmt im Bistro Platz, um eine Pizza zu essen. Oder ein Eis zum Dessert. Außerdem kann das Kino mit dem besonderen Flair für eine private Feier gemietet werden.

Unternehmen Sie einen Stadtbummel durch Niebüll und besuchen Sie *Küstenfeeling Café & Mode*, ebenfalls auf der Hauptstraße. Die süßen Speisen sind allesamt frisch gebacken, egal ob Käse- oder Streuselkuchen.

64

Lecker Fischerhäuser
Bergstraße 27–37
25917 Leck

Fischerhaus Leck Ferienwohnungen
Bergstraße 29–31
25917 Leck
04123 7748
www.fischerhaus-leck.de

NAH AM WASSER GEBAUT

Fischerhäuser

An der Straße nach Sprakebüll in Leck stoßen wir unerwartet auf eine malerische Häuserzeile, die zwischen der restlichen Bebauung hervorsticht. Keine roten Klinker, weder Dachschindeln noch -ziegel zeichnen sie aus. Weiß gekalkt scheinen sie sich unter die überhängenden Dächer zu ducken. Mit Reet sind sie gedeckt, dazwischen schauen immer wieder Gauben hervor. Wie eine kleine Berg- und Talbahn onduliert die Dachlandschaft vor dem Hintergrund hoher Bäume. Wir fragen einen Einwohner nach diesen Bauten und erfahren, dass man sie die »Lecker Fischerhäuser« nennt. Fischer hier im Hinterland?

Ganz in der Nähe fließt die Lecker Au zwischen busch- und baumbewachsenen Ufern durch das Dorf. Hat das Gewässer etwas mit der Bezeichnung der Gebäudereihe zu tun? Einst lag das Gebiet der Ortschaft an der Nordseeküste, doch das ist wirklich sehr lange her. Mit Deichen und Entwässerungsgräben wurde dem Meer immer wieder Land abgetrotzt. Inzwischen sind es stolze 20 Kilometer bis zur Küste. Aber die Lecker Au ist geblieben. Früher mündete sie in dieser Gegend ins Meer, nun muss sie noch ein Weilchen durch Nordfriesland fließen, ehe sie sich mit der Nordsee vereint. Weit und breit also keine See, doch auch auf Flüssen kann Fischen ergiebig sein. Wir sind also überzeugt, dass die Domizile von Fischern gebaut wurden.

Dann treffen wir auf eine Infotafel, die uns erklärt, dass der Beruf des Fischers in Leck im 19. Jahrhundert nicht belegt ist. Schade, dass wir uns von der pittoresken Vorstellung verabschieden müssen. Die Häuserzeile mit den hohen Bäumen an der Straße und den hübschen Vorgärten bleibt jedoch ein Kleinod, von wem auch immer sie erbaut wurde. Und noch lange freuen wir uns über den Anblick, während wir unseren Weg nach Sprakebüll fortsetzen.

In einem solchen malerischen Häuschen zu wohnen, das wäre was. In einer der Ferienwohnungen kann man diesen Traum wahr werden lassen.

65

Stiftung Seebüll
Ada und Emil Nolde
(März–Oktober)
Seebüll 31
25927 Neukirchen
04664 983930
www.nolde-stiftung.de

Café Seebüll
04664 983970
www.nolde-stiftung.de/
cafe-oeffnungszeiten

IM FARBRAUSCH DES KÜNSTLERS

Museum *Stiftung Seebüll Ada und Emil Nolde*

Es gibt diese Sommertage an der Küste, leicht wie der Wind. Perfekt für einen Besuch der *Nolde Stiftung* in Seebüll. Schon beim Ankommen beschleicht einen das Gefühl, in der Mitte von Nirgendwo gelandet zu sein. Genau das wollten Ada und Emil Nolde wohl, als sie in den 1920er-Jahren hierherzogen. Am Anfang war da nur eine Warft mit Wiesen rundherum, aber das Ehepaar hatte genaue Vorstellungen. Sie tauften den Ort Seebüll, entwarfen Haus und Garten selbst.

Auf schmalen Pfaden wandelt man heute durch Noldes Farbrausch, im Museum und im Grünen. Um einen herum brummen die Hummeln, summen die Bienen, zwitschern die Vögel. Raffiniert, wie der Garten nach den Initialen des Ehepaares angelegt ist: »AE« in Form von Wegen. Das reetgedeckte Häuschen zwischen den Blumen fällt auf, eine Mischung aus Friesenkate und Südseehütte, die es den Noldes schon im Frühjahr erlaubte, sich inmitten der ebenso wilden wie durchdachten Komposition aus Stauden und Sträuchern, Obstbäumen und Gemüsepflanzen aufzuhalten. Die Blütenpracht steht bei Schmetterlingen hoch im Kurs. Schon im April öffnen sich erste Knospen, die letzten im Oktober. Den schönsten Farbrausch erlebt man von Juni bis August.

Im Hintergrund thront die 1920er-Jahre-Architektur des Wohn- und Ateliergebäudes, das mit seiner nüchternen Form an den Bauhaus-Stil erinnert. Im Erdgeschoss sind original möblierte Zimmer einzusehen, eine kleine Treppe führt ins obere Stockwerk zu Noldes Bildern. Jedes Jahr widmet sich die Stiftung mit einem anderen Thema dem Schaffen des Künstlers. Großformatige Werke in kräftigen Farben, Gemälde, Aquarelle sowie grafische Blätter beeindrucken, denn der Maler experimentierte ebenfalls mit Holzschnitt, Lithografie und Radierung.

Nehmen Sie gemütlich im Café der Stiftung Platz, bei Sonne am liebsten draußen. Das Restaurant *Element* lockt unter anderem mit Nordsee-Bouillabaise und Dinkel-Flammkuchen.

66

Hülltofter Tief
Ausgangspunkt:
Parkplatz
Rosenkranzer Straße 42
25927 Aventoft

Sort Sol in Aventoft
Parkplatz bei Dorfstraße 2
25927 Aventoft

AUF DEN SPUREN DES MALERS

Spaziergang um den See *Hülltofter Tief*

Die Grenze zu Dänemark verläuft mitten durch den Ruttebüller See. Eine Rohrweihe segelt lautlos über das Schilf und verschwindet darin. Rechts und links grasen Schafe auf dem Deich, ein Fischer steht in seinem Boot und wirft die Angel aus. Im Grenzdorf Rosenkranz steht die Zeit still. Geht man zu den Fischerhäusern und biegt dann links in den Noldeweg ein, breitet sich die gesamte Weite der Landschaft vor einem aus. Das dichte Grün. Und diese Ruhe. Wie ein unerwartetes Geschenk.

Wir tun es dem Maler Emil Nolde gleich, der sein Haus im nahen Seebüll errichtete und gerne zwischen Rosenkranz und dem Hülltofter Tief, einem kleinen See, umherstreifte. Eine weiße Brücke führt über den Wasserlauf, der das Binnengewässer mit dem Ruttebüller See verbindet. Der Pfad heißt nun Seebüll, wie die Warft des Malers, und führt genau dorthin.

Wer will, unterbricht den kurzen Spaziergang für einen kulinarischen Stopp im Café bei der Nolde-Stiftung. Um auf dem Weg zu bleiben, geht man links vom Café am Spielplatz vorbei und überquert einen weiteren weißen Steg. Nun schlängelt sich der Pfad und wird von grasenden Kühen flankiert, die den Spaziergänger neugierig beäugen. Ein paar nette Worte tun ihnen gut.

Nach kurzer Zeit erreicht man das Hülltofter Tief, das über eine Badestelle verfügt. Nolde fischte an diesem Platz gerne. Im Sommer tummelt sich bisweilen ein Kanu oder ein Boot auf dem Wasser, einige kommen zum Schwimmen her. Für den Rückweg kann man entweder den befahrenen Nordosterdeich entlanggehen oder noch besser auf derselben grünen Strecke umkehren. Einfach, um die Stille in der Idylle zu genießen.

Tipp: im Herbst zum Ballett der Stare an den Ruttebüller See fahren und gemeinsam mit den dänischen Passanten über das Phänomen »Sort Sol« staunen. Während der »Schwarzen Sonne« tanzen die Vögel am Himmel.

NORDFRIESISCHE INSELN UND HALLIGEN

67

Spaziergang um den Lister Ellenbogen
Startpunkt: Parkplatz Ellenbogen
25992 List/Sylt

Insel Sylt Tourismus-Service GmbH
Strandstraße 35
25980 Westerland/Sylt
04651 9980
www.insel-sylt.de

DIE MUSIK DER WELLEN

Spaziergang um den Lister Ellenbogen

An den Spitzen wirkt die Insel wild und schön. Man spürt die Kräfte der Natur, alles ist im Wandel. Im Norden wie im Süden nagt das Meer an der Landmasse. Ohne die regelmäßigen Sandvorspülungen würden die fragilen Zipfel verschwinden. An seinen Enden widerspricht Sylt jedem glamourösen Klischee, alle sind gleichermaßen vom Winde verweht bis zerzaust. Die Nehrung im Norden namens Ellenbogen zu umrunden, wirkt nicht nur entspannend, sondern führt je nach Lust und Laune bis an den nördlichsten Punkt Deutschlands. Die Route kann an die eigenen Bedürfnisse angepasst werden.

Beginnen wir an der Wattseite, am besten barfuß. Meist nimmt sie sich ruhig aus. Der Sandboden ist fest, fühlt sich gut unter den Füßen an und bringt die Durchblutung in Schwung. Vorsicht gilt scharfen Muschelkanten. Dann heißt es genießen. Endlich haben wir Zeit für Details, für Herz- und Miesmuscheln, aufgeklappte und entleerte Austern. Kleine Krebse, die über den Sand huschen. Spaghettiförmige Häufchen reinsten Sands, gefiltert und ausgeschieden von Wattwürmern. Die zarten palmenartigen Spitzen vom Haus des Bäumchenröhrenwurms ragen empor. Der Blick wandert zur nahen dänischen Insel Rømø.

An der Spitze drehen wir uns wie der Wind an manchen Tagen. Es wird Zeit für die nördliche Kante des Ellenbogens, immer dem rauen Westen entgegen. Die Luft pfeift, das offene Meer schäumt. An schönen Tagen mag der Unterschied zur Wattseite kaum ins Gewicht fallen, doch spürbar ist er immer. Dünen erheben sich sanft, durchzogen von Pfaden. Nach und nach bevölkern Radfahrer den Ellenbogen, klettern in raschelnder Funktionskleidung die Sandhügel hinauf. Auf den Dünen versinkt man etwas tiefer im Sand. Der rot-weiße Leuchtturm List-Ost strebt zwischen Strandhafer in die Höhe. Nun kann man verharren, die gute Luft atmen und zum Ausgangspunkt zurückkehren. Oder rund 30 Minuten bis an den nördlichsten Punkt weiterschlendern.

Tipp: ein Ausflug mit der Fähre von List zur Nachbarinsel Rømø. An Bord kann man mit etwas Glück einen der gemütlichen Strandkörbe ergattern und darin aufs Meer schauen.

68

Restaurant
Sylter Royal & Bistro
Hafenstraße 10–12
25992 List/Sylt
04651 877525
www.sylter-royal.de

Sylter Genussmacherei
Hafenstraße 2
25992 List/Sylt
04651 9429074
www.sylter-
genussmacherei.de

DER GESCHMACK DES MEERES

Restaurant *Sylter Royal & Bistro*

Die einst kilometerlangen Austernbänke im Wattenmeer gehören der Geschichte an. Waren Wildaustern vor mehr als 100 Jahren noch ein essenzieller Zweig der lokalen Wirtschaft zwischen Rømø, Sylt, Amrum und Föhr, kam es gegen Ende des 19. Jahrhunderts leider zur Überfischung. Trotz einer Schonungsperiode konnten sich die Bestände nicht erholen, also begann man im Sylter Norden Anfang des 20. Jahrhunderts, niederländische Muscheln zu kultivieren. Doch der Krieg und ein eisiger Winter setzten den Bemühungen in den 1930er-Jahren ein Ende. Auch in den 60er- und 70er-Jahren wurden keine nennenswerten Fortschritte erzielt – bis *Dittmeyer's Austern-Compagnie* 1986 an erfolgreiche Versuche mit der pazifischen Felsenauster anknüpfte.

Das Unternehmen legte ein Aufzuchtgebiet in der Blidselbucht zwischen List und Kampen an und kultiviert seitdem die *Sylter Royal,* die einzige aus Deutschland stammende Zuchtauster. Sogenannte »poches«, Netztaschen mit den Schalenweichtieren, werden jedes Frühjahr auf die aufgestellten Metalltische gelegt, der Ebbe und Flut preisgegeben. Sind die *Sylter Royal* groß genug, kommen sie in die Hälterungsbecken nach List, die mit Nordseewasser gefüllt sind.

Auch wenn man die *Sylter Royal* in anderen Lokalitäten genießen kann, empfiehlt sich ein Besuch im neuen Restaurant oder im Bistro nebenan. Nur hier kann man einen Blick auf die Meerwasserbecken werfen. Pur munden die Austern am besten. Höchstens mit ein paar Spritzern Zitrone, aber selbst die lenken vom wahren Geschmack ab. An einem sonnigen Tag draußen vor der rustikalen blauen Austernbude in List zu sitzen und die Muscheln zu essen, löst Glücksgefühle aus. Es müssen gar nicht viele sein, doch widmen sollte man sich ihnen: eine Auster lösen, kauen und das Wasser aus der Schale schlürfen. Die See ist nicht mehr nur zu sehen und zu riechen, ein Teil davon plätschert langsam durch den eigenen Körper.

Nur ein paar Häuser weiter: Als originelles Mitbringsel wird das Sylter Meersalz aus der *Genussmacherei* von Alexandro Pape gehandelt.

69

Morsum-Kliff
Ausgangspunkt:
Nösistich
25980 Morsum/Sylt
www.sylt.de

Sylter Seifen Manufaktur
Bi Miiren 13
25980 Morsum/Sylt
04651 4609977
www.sylterseifen.de

Ein eiszeitliches Kunstwerk

Morsum-Kliff

An der südlichen Wattseite der Insel begeben wir uns auf eine Zeitreise weit zurück in die Vergangenheit. Rings um das kuriose Morsum-Kliff breitet sich eine Heidelandschaft aus, die ihre Blütenpracht im August und September gänzlich entfaltet. Dann wirkt das Kliff, als trage es an manchen Stellen violette Hauben. Doch die eigentliche Attraktion des Naturschutzgebietes wird von bis zu zehn Millionen Jahre alten Gesteinsschichten gebildet.

Rötliche bis gelbe Schlieren, ein eiszeitliches Kunstwerk, das nicht nur Geologenherzen höherschlagen lässt. Das Kliff weist eine komplexe Geschichte aus, in der die Gletscher der Kaltzeiten den Boden aufbrachen und verschoben, sodass jene sichtbaren Schollen entstanden. Es waren Naturschützer, die vor 100 Jahren verhindern konnten, dass uralte Erdschichten für den Bau des Dammes entwendet wurden. So können wir heute noch diese Schöpfung der Natur bestaunen.

Der Spaziergang zum Kliff kann beliebig gestaltet werden. Auf der Straße Nösistich befindet sich ein Parkplatz. Man kann mit dem Rad hinfahren und dieses am Rundweg abstellen oder vom Morsumer Bahnhof aus zwei Kilometer zu Fuß zurücklegen. Wer von Nösistich die erste Abzweigung links nimmt, entscheidet sich für die kurze Route, die durch die Heide direkt zum Aussichtspunkt führt. Der Blick übers Watt ist atemberaubend. Man kann auf einer der Bänke verweilen und tief in die Landschaft versinken.

Für diejenigen mit Lust am Wandern bietet sich die große Runde an. Dafür folgt man der Straße Nösistich bis zum zweiten Pfad linker Hand. Der Weg oberhalb des Kliffs ist sandig und teils schmal. Wer die eiszeitlichen Gesteine lieber von unten betrachten möchte, läuft Nösistich bis zum Ende und im Anschluss am Watt entlang bis zum sogenannten Klein-Afrika. Inmitten gelb leuchtender Sandflächen fühlt man sich wie an einem anderen Ort auf der Welt.

In Morsum können Sie von Hand gefertigte Seifen der Siederin Kerstin Deppe kaufen, die mit Duftnoten und Zutaten der Insel wie Heckenrose oder Alge versehen sind.

70

Weststrand
Strandweg
25997 Hörnum/Sylt

Strandsauna Hörnum
Süderende 25
25997 Hörnum/Sylt
0173 9212255
www.strandsauna-
sylt.com

DAS RAUSCHEN DER BRANDUNG

Weststrand

Die Westküste der Insel hat ihren eigenen Klang: das Rauschen der Brandung. Ist im Sommer der Wind nicht zu stark und das Meer nicht zu rau, zieht es alle zum Spiel mit den Wellen hinaus. Jenes lustvolle Hineinwerfen, Kraulen, Aufstehen und Fallenlassen.

Zunächst gilt es, die schäumenden Wogen nahe dem Ufer zu durchqueren. Eine Gratismassage für die Waden. Wer nicht frontal die volle Wucht des Wassers zu spüren bekommen möchte, versucht, rückwärts voranzukommen. Geschafft! Ein paar Schwimmzüge parallel zur Wellenlage. Manchmal spritzt es einem ins Gesicht, das Meer, was ausgelassenes Lachen und Prusten hervorruft. Wieder zurück an Land, und das Ganze noch einmal. Jene glückselige Atemlosigkeit, ohne wirklich geschwommen zu sein. Diese Kraft der See zu spüren, das bietet Sylts Brandung. Sich wie ein Kind zu fühlen.

Doch die Insel bezahlt teuer für die Musik. Wenn der Blanke Hans wütet, bangen die Sylter jedes Mal um Landverluste. Das liegt an der Physiognomie der Westseite: Die Küste fällt hier schnell steil ab, die Wellen prallen mit unverminderter Geschwindigkeit ans Ufer. Daher muss die Südspitze mit aufgespülten Sandbänken geschützt werden.

Allein an windstillen Tagen ist das Wasser ruhig. Dann erstrahlt es in einem geradezu karibischen Türkisblau, und die Welt scheint eine andere. Exakt der richtige Zeitpunkt zum mühelosen Schwimmen, zum Genießen. Jetzt darf man langsam und selbstvergessen sein. Sich auf den Rücken drehen, in den Himmel blicken. Den Leuten am Strand zuschauen. Der Badeaufsicht, die ebenfalls an der Ruhe Gefallen findet, das Surfboard an die Hütte gelehnt. Mit etwas Glück und Geduld kann man in solchen Momenten in Hörnum sogar Schweinswale sichten.

An frischeren Tagen tut ein Besuch in der kleinen *Strandsauna Hörnum* gut. Ein Lieblingsplatz inmitten der Dünen am Süderende. Rechtzeitig reservieren!

71

Führung Vogelschutzgebiet Amrum-Odde
Startpunkt: Fahrradständer an der Odde
25946 Norddorf/Amrum
Kontakt Verein Jordsand:
04682 2332
www.jordsand.eu

Restaurant Oomes Hüs
Dünemwai 4
25946 Norddorf/Amrum
04682 2199
www.oomes-hues.de

WO DIE HERINGSMÖWE NISTET

Führung im Vogelschutzgebiet Amrum-Odde

Gut zwei Kilometer misst die Strecke von der Ortsmitte in Norddorf bis hinauf zur Odde an der Nordspitze Amrums. Wer sie aufmerksam zurücklegt, gleich ob zu Fuß oder mit dem Rad, entdeckt neben grasenden Kühen vielleicht eine Gruppe von Graugänsen oder ein Fasanenpaar. Roter Fingerhut ragt am Rand auf, im Volksmund Waldglöckchen genannt.

Der Pfad zum Treffpunkt mit dem Vogelwart sind ausgeschildert. Der Schotterweg endet am Radparkplatz, ein Bohlenweg führt bis zur Sammelstelle, etwa 800 Meter von den Fahrradständern entfernt. Nur der Vogelwart kann Besuchern Einlass gewähren, ringsum wird das Areal von einem Zaun abgesichert. Die Odde steht schon lange unter Naturschutz, betreut vom *Verein Jordsand.* Auch geführte Wattwanderungen zur Nachbarinsel Föhr starten an der Odde.

Bis auf wenige Ausnahmen geleitet der Vogelwart jeden Morgen Interessierte in das Gebiet, in dessen Zentrum eine Hütte steht. Zur Rechten glitzert das Watt in der Sonne, und wer sich die Füße bis zur Führung vertreten möchte, kann die Schuhe ausziehen und barfuß im Sand laufen. Ein Trupp von Schwänen zieht mit einem surrenden Geräusch durch die Luft. Eine Holzbank lädt zu einer Auszeit ein, Wattblick inklusive.

Schließlich erscheint der Wärter. Der Rundgang verläuft behutsam und führt zu einer kleinen Aussichtsplattform auf einem Dünenkamm. Wer brütet an diesem Ort? Neben Zwergseeschwalben, Eiderenten und Brandgänsen sind vor allem Silber- und Heringsmöwen zu sehen, die ihre Nachkommen betreuen. Etwa anderthalb Stunden lang erläutert der Vogelwart den Lebensraum, Zuhörer aller Altersklassen lauschen. Die Blicke schweifen zu den Nachbarinseln Sylt und Föhr am Horizont. Für den Rückweg empfiehlt sich ein Spaziergang am Strand auf der Westseite der Odde, einem Ausläufer des Kniepsands.

Kehren Sie auf dem Dünemwai zum Fischessen ins *Oomes Hüs* ein. Helles Ambiente mit nordischem Flair, und neben Nordsee-Kabeljau werden Gerichte wie Kohl-Curry oder Maispoularde serviert.

Sommersonnenwendfest am Strand
(jährlich am 21. Juni)
Strunwai 1000
25946 Nebel/Amrum

Dünenspaziergang Norddorf
Startpunkt: Bushaltestelle *Aussichtsdüne*
A Siatler
25946 Norddorf/Amrum

TANZ AM LÄNGSTEN TAG

Sommersonnenwendfeier

Der vielleicht schönste Konzertsaal der Welt. Mitten auf dem Amrumer Kniepsand steigt das Fest. Schon vor 19 Uhr strömen die Leute an den Strand von Nebel, bilden über den breiten Dünenweg eine Schlange, die sich schließlich in der wüstenartigen Weite auflöst. Die Sommersonnenwende gilt als gute Gelegenheit zum Tanzen für alle. Gefeiert wird am 21. Juni die kürzeste Nacht des Jahres. Mit etwas Glück ist die Sonne 17 Stunden lang zu sehen.

Aus der Menge sticht vor allem die Amrumer Trachtengruppe hervor, die in ihren Roben und Hauben die Tradition hochhält. Aus Zeiten, als Amrum noch die Heimat von Seefahrern war, die Andenken und neue Eindrücke aus der Welt in ihre Heimat brachten. Die Frauenkleider gehen auf den Festtagsbrauch von vor 150 Jahren zurück und haben sich seit damals kaum geändert. Vorlage für die Entwicklung ihrer Tracht war die vorherrschende Garderobe am spanischen Hof im 16. Jahrhundert. Charakteristisch ist unter anderem der filigrane Silberschmuck, der ebenfalls mit den Seeleuten auf die Insel kam.

Am Strand wurde heute Brennholz für ein Feuer geschichtet, der Amrumer Shantychor singt, die Blaskapelle spielt auf. Auch Seefahrerlieder werden zum Besten gegeben, und alle stimmen mit ein. Ein Kreis hat sich um die Tanzenden gebildet, und wer zeitig vor Ort war, hat ein Plätzchen auf den begehrten Stühlen ergattert. Das Meer rauscht nicht weit entfernt, man hört, man riecht es. Alle sind in bester Stimmung und feiern den nicht enden wollenden Tag. Fast wähnt man sich in einer der weißen Nächte im hohen Norden Skandinaviens. Denn der Mittsommer dauert bis zur Dämmerung der Blauen Stunde. Zugleich profitieren die Gäste von der Nebeler Infrastruktur. Für das leibliche Wohl sorgt die Feuerwehr, die am Strand Würstchenbuden betreut.

Über einen der Bohlenwege bei Norddorf durch die Dünen spazieren. Vielleicht zeigt sich sogar eines der dort lebenden Wildkaninchen.

73

Öömrang Hüs
Amrumer Archiv und Museum
Waaswai 1
25946 Nebel/Amrum
04682 4120
www.oeoemrang-hues.de

Fisch und Meer
Uasterstigh 6
25946 Nebel/Amrum
04682 96470
www.fisch-und-meer-amrum.de

Im Haus des Seefahrers

Museum Öömrang Hüs

Ein denkmalgeschütztes Haus aus dem 18. Jahrhundert, gemauert aus Backstein, reetgedeckt, in der Mitte die geteilte Klönschnacktür. So sieht eine nordfriesische Schönheit aus, die sich perfekt in die Gegend schmiegt. Wirkt das Reetdach doch so, als setze sich die Landschaft auf dem Haus fort. Gemäuer, die eine derartige Gemütlichkeit ausstrahlen, dass man sofort gerne eintreten möchte.

Über Rasen und Katzenkopfsteinpflaster gelangen Gäste zum *Öömrang Hüs* auf Amrum, in dem ein Stück Inselgeschichte in nahezu persönlicher Atmosphäre vermittelt wird. »Bitte nichts mitnehmen!«, scherzt der Mann, der draußen auf der Gartenbank sitzt. Nordfriesischer Humor. Mit einem Lächeln im Gesicht schreite ich durch die möblierten Räumlichkeiten. Bewundere die niederländischen Fliesen mit dem Rosensternmuster und den Beilegerofen aus dem 17. Jahrhundert. Mit seiner Hilfe konnte von der Küche aus die gute Stube, die sogenannte »Dörnsk«, beheizt werden. Die Alkovenbetten machten den Wohnraum gleichzeitig zum Schlafzimmer. Heute dürfen sich Paare hier trauen lassen, was unter traditionsbewussten Amrumern hoch im Kurs steht.

Großes Interesse weckt die Ausstellung *Unter Sklaven und Piraten*. Es geht um einen der berühmtesten Amrumern, Kapitän Hark Nickelsen. Im 18. Jahrhundert lebten die Insulaner von der Seefahrt, als Nickelsen, noch ein halbes Kind, ebenfalls sein Glück auf dem Wasser suchte. Er fiel Sklavenhändlern in die Hände, arbeitete drei Jahre lang als Kaffeeschenker in Algier und wurde schließlich von Portugiesen freigekauft – nur um wieder in See zu stechen und selbst als Menschenhändler zu Reichtum zu gelangen. Nickelsen gehörte damals zu den vermögendsten Männern Nordfrieslands. Seine Geschichte ist auch bei den Sprechenden Grabsteinen auf dem Friedhof in Nebel nachzulesen.

Lust auf ein Fischbrötchen? *Fisch & Meer* ist Imbiss und Fischgeschäft in einem. Und man kann gemütlich im Garten sitzen.

74

Aerosol-Wanderung auf dem Kniepsand

Startpunkt: Fahrradparkplatz am
FKK-Zeltplatz
Zeltplatz 2
25946 Wittdün/Amrum

EINFACH DIE BESTE LUFT

Aerosol-Wanderung auf dem Kniepsand

Auf Amrum ist kein eigenes Auto vonnöten, ein Fahrrad reicht völlig aus. Zur Not kann man zu Saisonzeiten auch den Inselbus nehmen. Für die folgende Wanderung starten wir in der Nähe des Leuchtturms und biegen zum FKK-Zeltplatz ab. Ein Stück weiter finden sich Abstellmöglichkeiten für die Räder. Dort laufen wir los: zu Fuß durch die Dünen zum Kniepsand, jener über zehn Quadratkilometer großen, langsam wandernden Sandbank.

Einmal den wunderbaren Blick von der Aussichtsdüne genießen und ab an die Wasserkante. Am Meer heißt es: tief durchatmen – auf Amrum das A und O. Der Salzgehalt der Luft ist generell hoch auf der Insel. Und je näher man der Wasserkante kommt, desto höher die Konzentration des maritimen Aerosols. Jene gehaltvolle Zusammensetzung der Salzwassertröpfchen fördert die Sekretbildung der Atemwege. Nie war Naseputzen angenehmer! Außerdem gilt die Inselluft als äußerst allergen- und schadstoffarm. Bestens für die Bronchien also, gut gegen Erkältungen.

Doch Wind, Meer und Sonne können noch mehr. Der Kopf wird frei von trüben Gedanken, der Körper entspannt, die Produktion von Vitamin D steigt. Im Winter wird die Wirkung der Aerosole durch die steifere Brise gesteigert. Heute ist ein sonniger Tag, und wir schlendern an der Kante entlang. Jeder nach seinem Gusto, ohne Kilometerzähler. Ob alleine, zu zweit oder zusammen mit Freunden oder der ganzen Familie, der Spaziergang am Wasser bereitet Spaß. Vielleicht lassen wir uns ein Stück weit im Wind treiben. Auf dem Rückweg bläst er Schlieren über den Boden, der Sand kriecht unter die Kleidung und prickelt auf der Haut. Daher der Name »Kniepsand«: Auf Amrumer Friesisch heißt »kniap« schlicht »kneifen«.

Wer möchte, zieht die Schuhe aus, um am Meeressaum barfuß durch das kühle Nass zu waten. Auch eine Form von Kneippen.

75

Radtour auf Amrum
Startpunkt: Fähranleger
Höhe Inselstraße 14
25946 Wittdün/Amrum

Restaurant Dörnsk an Köögem
Uasterstigh 19
25946 Nebel/Amrum
04682 2503
www.amrum.de/gastronomie-auf-amrum

WIND IM HAAR

Mit dem Rad über die Insel

Beginnen wir eine halbe oder ganze Inselrunde mit dem Rad am Fährhafen in Wittdün. Zunächst halten wir uns rechts am westlichen Ufer und folgen dem Weg am Watt entlang gen Norden. Die ruhige Seite Amrums, eine Welt aus Blau und Grün, Wasser und Wiesen. Den ersten Stopp können wir in Steenodde einlegen, einem Friesendorf mit Reetdachhäusern, einem Segelhafen und Strand. Wer sich für Hügelgräber interessiert, wird in der Gemeinde fündig: links dem Stianoodswai folgen, bis ein schmaler Weg rechts zum *Eesenhuug* führt. Im Anschluss zurück zum Watt.

Weiter geht es nach Nebel, dem wohl schönsten Ort Amrums. Ein Halt ist obligatorisch, kulinarisch wie kulturell. Besuchen wir die weiße Kirche Sankt Clemens aus dem 13. Jahrhundert. Auf deren Friedhof berichten uns die *Sprechenden Grabsteine* von berühmten Amrumern, die zur See fuhren. Das *Öömrang Hüs* erzählt uns vom Alltag der Nordfriesen im 18. Jahrhundert. Nun könnten wir uns in einem Café stärken, über den Strunwai die Insel queren und auf der anderen Seite am Badestrand von Nebel halten. Die Räder abstellen, die Füße in den Sand stecken. Und durch den duftenden Inselwald zurück in den Süden radeln. Somit hätten wir das Eiland halb umrundet.

Wer hingegen von Wittdün bis Norddorf und zurückfahren möchte, benötigt Zeit und Energie für gut 20 Kilometer, teilweise bei Gegenwind. Ab Nebel folgen wir weiter dem Alten Wirtschaftsweg am Ostufer bis Norddorf, wo sich eine weitere Pause anbietet, allein für ein Häppchen in einem Dorf- oder Strandlokal.

Der Norden der Insel verläuft zu einem schmalen Zipfel, ohne die Dünen im Westen wäre das Wasser auf beiden Seiten zu sehen. Wer mag, radelt durch das Naturschutzgebiet der Odde, bis der Weg endet. Da verspürt man es wieder, jenes typisch Amrumer Gefühl von Freiheit. Den Wind im Haar und die Sorgen wie weggeblasen.

»Dörnsk an Köögem« bedeutet auf Amrumer Friesisch »Stube und Küche«. Im gleichnamigen Restaurant in Nebel schmecken die Waffeln und das friesische Ofenbrot bestens.

76

Museum Kunst der Westküste
Hauptstraße 1
25938 Alkersum/Föhr
04681 747400
www.mkdw.de

UND ÜBERALL DAS MEER

Museum *Kunst der Westküste*

Ohne einen Abstecher nach Alkersum geht es nicht. Mitten zwischen reetgedeckten Häusern strahlt ein Glanzpunkt in der nordfriesischen Museumslandschaft für alle Kunstinteressierten: das *Museum Kunst der Westküste.* Man schöpft aus dem Fundus einer umfangreichen Sammlung, die sich auf die Zeit von 1830 bis 1930 konzentriert, zeigt aber jedes Jahr nur einen Ausschnitt davon, stets unter einem anderen Aspekt. Darunter Werke aus den Niederlanden, Deutschland, Dänemark und Norwegen als Ländern der Westküste. Sujets von Küstenstrichen, von schäumendem bis ruhigem Meer. Von Landschaften und Menschen.

So auch die Bilder des Künstlers Otto Heinrich Engel. Immer wieder zog es ihn nach Föhr, bis er gewissermaßen zum Inselmaler wurde. Worüber man sich heute nur freuen kann, hielt er doch die Lebenswelt der Dorfbevölkerung Ende des 19. Jahrhunderts und Anfang des 20. Jahrhunderts auf Leinwand fest. Werke von Max Liebermann gehören ebenso zum Bestand wie solche von Edvard Munch, von den Mitgliedern der Künstlerkolonie Skagen oder von Piet Mondrian. Hinzu kommen die wechselnden Präsentationen der Gegenwartskunst, die Schöpfungen diverser Genre der *Artists in Residence* auf Föhr.

Mittlerweile kann das Museum mit seinen Ausstellungen innerhalb eines erweiterten architektonischen Rahmens glänzen, der sich in die vorhandenen Strukturen einfügt, ohne sich aufzudrängen. Der verspiegelte Glasgang des Neubaus reflektiert die Umgebung mitsamt traditioneller Architektur und erzeugt die Illusion größerer Tiefe. Und die Kinder, die mit ins Museum kommen, freuen sich besonders über das Workshop-Angebot für alle Altersstufen.

Tipp: eine Weile im Garten des Museums oder in *Grethjens Gasthof* verweilen. Vielleicht ein Stück Kuchen essen oder ein Süppchen schlürfen. Ein kleiner Schnack mit den Tischnachbarn. Perfekt.

77

Stellys Hüüs
Haus 38
25938 Oldsum/Föhr
04683 306
www.stellys-cafe.de

Marmelade & Co
Heide Ropeter
Haus 37a
25938 Oldsum/Föhr
04683 9639750
www.marmelade-und-co.de

KAFFEEKLATSCH AUF FRIESISCH

Café Stellys Hüüs

Man spricht Friesisch. Neben Hochdeutsch, keine Sorge. Das Bauern- und Künstlerdorf Oldsum auf Föhr pflegt nicht nur seine Traditionen, es erscheint auch wie aus dem Ei gepellt, mit seinen reetgedeckten Häusern und den üppigen Bauerngärten im Sommer. Oldsum verfügt über eine Marmeladenmanufaktur, bietet handgesponnene Wolle und ausreichend Platz für die Kunst.

In diese kreative Atmosphäre passt *Stellys Hüüs* als Mischform von Café, Teeladen und Töpferstube perfekt. Außen Backstein, innen nordische Gemütlichkeit, helle Möbel und Holzwände. In den verwinkelten Räumen des 1837 erbauten Hauses sind überall sorgsam ausgewählte Details zu entdecken, etwa ein Herd oder eine Kasse von anno dazumal. Bei gutem Wetter sitzt man gemütlich vor dem Haus. Neben den Kaffeespezialitäten sind zig Sorten Tee im Angebot, darunter der Kräutertee *Föhrer Sturmtief*. Die Karte für Kuchen, Torten und Waffeln macht die Wahl zur Qual. Auch Rote Grütze und Milchreis dürfen im Norden nie fehlen, so auch nicht bei Familie König. Wer gerade keine Lust auf Süßes hat, kann auf Sauerfleisch, Suppe oder Schmalzbrote ausweichen. Oder nach einer Ofenkartoffel noch ein Stück Stachelbeer-Baiser verzehren?

Jedenfalls macht es Freude, sich im hyggeligen Landhausambiente aufzuhalten und im Anschluss noch einen Blick in den Laden der Töpferei zu werfen. Die hier fabrizierte Keramik könnte jedenfalls ein originelles Souvenir werden. Auch Tee wird zum Mitnehmen angeboten. Für alle, die nicht mehr auf die *Oldsumer Brise* oder das *Föhrer Sturmtief* verzichten wollen. Doch man kommt allein wegen der persönlichen Atmosphäre zurück nach Oldsum. Vielen Dank heißt auf Fering übrigens: »Föl toonk!«

Ein geeignetes Mitbringsel aus Oldsum wären auch die Fruchtaufstriche, der Senf oder die Gewürzmischungen der *Föhrer Spezialitäten Manufaktur*.

78

Kirche St. Johannis
Karkstieg
25938 Nieblum/Föhr
04681 4461
www.friesendom.de

Föhrer Teestube und Café Hof Pergande
Poststraat 7
25938 Nieblum/Föhr
04681 580143
www.hof-pergande.de

Konzert bei Kerzenschein

Der Friesendom Sankt Johannis

In Nieblum streckt sich der sogenannte Friesendom in den Wolkenhimmel, ein rustikaler Backsteinbau, eine Schönheit aus dem 12. Jahrhundert. Es ist eine jener Kirchen, die sich wie ein Kokon anfühlen, sobald man sie betritt. Klein und kuschelig, hinzu kommt die nordische Note mit den blauen Bänken. Zwischen dem Kalk durchblitzender Backstein und ein in der Luft schwebendes Schiff, das auf die Seefahrervergangenheit der Föhrer hinweist. Kein Kunstwerk zu viel, das von der mittelalterlichen Architektur ablenken könnte. Lebhaft im Ausdruck allein ist der Taufstein aus romanischer Zeit sowie der spätgotische Altar.

Sankt Johannis ist eine von diesen Kirchen, in denen man noch einmal heiraten möchte, ganz spontan. Ein Konzert bei Kerzenschein tut es natürlich auch. Die Intimität des Raumes erscheint noch größer, als die Orgelpianistin jeden Einzelnen schon im Foyer begrüßt. Sie hält eine kurze Rede zur Erläuterung der ausgewählten *Tänze und Toccaten*. Eine ebenso wilde wie durchdachte Mischung.

Den Laien mag es überraschen, wie vielseitig eine Orgel klingen kann. Leicht, geradezu hüpfend und verspielt, herausfordernd, temperamentvoll, komplex, grollend und anspruchsvoll. Was ebenfalls an den ausgewählten Stücken von Bach bis Piazzolla liegt. Eine musikalische Reise also. Vor allem die argentinische Note breitet sich aufregend exotisch in der Nieblumer Kirche aus. Tango auf der Insel im Wattenmeer. Er führt die Gäste kurz in eine rauchige Hafenbar am Rio de la Plata. In eine der zahlreichen Milongas von Buenos Aires. Noch eine Toccata von Boëllmann, und alle kehren zurück ins Hier und Jetzt. Mit strahlenden Augen applaudieren sie der Musikerin.

Urgemütlich ist die *Föhrer Teestube* in der Poststraat. Ein Gaumenschmaus sind die köstlichen Waffeln, empfohlen mit Sahne und Erdbeeren, je nach Saison. Oder ein Stück vom hausgemachten Kuchen zum Kaffee oder Tee.

79

Dr.-Carl-Häberlin-Friesen-Museum
Rebbelstieg 34
25938 Wyk/Föhr
04681 2571
www.friesen-museum.de

Restaurant Alt Wyk
Große Straße 4
25938 Wyk/Föhr
04681 3212
www.alt-wyk.de

EIN BLICK ZURÜCK

Dr.-Carl-Häberlin-Friesen-Museum

Vor 130.000 Jahren war Föhr von den Gletschern der letzten Eiszeit bedeckt, verrät das Friesen-Museum in Wyk. Wer tief in die Identität der Insel eintauchen will, ist an diesem Platz goldrichtig. Da der Heimatforscher Dr. Carl Häberlin am Aufbau der Sammlung umfassend beteiligt war, trägt die 1908 eröffnete Einrichtung seinen Namen. In der Hauptausstellung und auf dem Freilichtgelände bieten sich für alle Altersklassen verschiedene Pfade in die Vergangenheit Föhrs.

Die erste Besiedlung der Insel ging während der Steinzeit von Jütland aus. Auch Funde aus der Wikingerzeit wurden nachgewiesen, Alltagsgegenstände am Ringwall nahe Borgsum. Warum man das Areal durch einen Bogen aus zwei Unterkieferknochen eines Blauwals betritt? Föhringer heuerten ab dem 15. Jahrhundert beim Heringsfang um Helgoland an und ab dem 17. Jahrhundert beim Walfang und Robbenschlag im nördlichen Eismeer. Bauholz war rar auf der Insel, so verbauten die Seeleute für Gartenzäune oder Geräte Walknochen. Einer der zehn Ausstellungsräume thematisiert historische Fangmethoden. Was die Gäste heute ebenfalls schockieren mag: Die Seehundjagd galt im aufkommenden Tourismus des 19. Jahrhunderts als Urlaubsaktivität. Noch bis 1973 durften die Robben auf Föhr getötet werden. In den 1850er- und 1870er-Jahren suchten die Insulaner das große Glück in Amerika. Nicht wenige kehrten im 20. Jahrhundert zurück und etablierten den *Manhattan* als Kultgetränk.

Das Freilichtmuseum beherbergt zudem das älteste Gebäude von Föhr, das Olesen-Haus von 1617. Im Außenbereich und im Untergeschoss des Haupthauses lässt es sich mühelos umherstreifen. In die obere Etage des Museums gelangt man über eine Treppe. Während einer Führung kann man in eine andere Zeit eintauchen. Als es noch Bockwindmühlen auf der Insel gab und reetgedeckte Scheunen wie die hübsche Rarität auf dem Gelände. Beliebt ist auch der Rosengarten mit etwa 100 Sorten.

Wer exquisite Küche liebt, den werden die Genüsse im Sternerestaurant *Alt Wyk* erfreuen. Delikatessen wie Seezungenroulade auf Spinat und Safransauce.

80

Hotel-Restaurant Anker's Hörn
Mayenswarf
25863 Langeneß
04684 291
www.ankers-hoern.de

Kiosk Rixwarf
(April–Oktober)
Nordmarsch
25863 Langeneß
04684 2829624
www.hilligenley.de

MITTEN IM WATTENMEER

Hotel-Restaurant *Anker's Hörn*

Seehunde auf einer Sandbank – bereits auf dem Schiff setzt der Effekt ein: Wer auf das glitzernde Wasser schaut, vergisst Zeit und Raum. Auf Langeneß wartet jemand von der Hotelbelegschaft, bequem werden wir mit dem Auto zur Mayenswarf gebracht. Der Bezeichnung für die aufgeschütteten Erdhügeln, jenen Warften, fehlt auf Langeneß das »t« am Ende.

Sämtliche Zimmer im *Anker's Hörn* sind nach verschwundenen Halligen benannt. Wer aus dem Fenster sieht, hinaus auf die Terrasse oder Wiese geht, blickt in endlose Weite und immer aufs Watt. Es ist genau dieses Gefühl von Grenzenlosigkeit, das einem das Herz aufgehen lässt. Schafe grasen friedlich, und nichts als der Wind ist zu hören, der über die Landschaft fegt. Amrum und Föhr befinden sich in Sichtweite, aber das Entscheidende ist: Selten kann man so nah am Meer wohnen. Zumindest an der Nordsee ist das schwierig, denn meist liegt ein Deich zwischen dem Land und der See. Ein Hauch von Melancholie und Einsamkeit weht mit im Nordseewind, auf Langeneß spürt der Mensch die Kraft der Natur und die Abhängigkeit von ihr. Wenn der Blanke Hans mal wieder vor der Tür tobt und die Hallig unter Wasser setzt, sodass nur noch die einzelnen Warfen herausragen. Das passiert meist im Herbst oder Winter.

Uns bleibt viel Zeit zu genießen, in der hoteleigenen Sauna zu entspannen. Das kulinarische Angebot im *Anker's Hörn* weiß gleichfalls zu verwöhnen: vom Nachmittagskuchen, zum Beispiel der fantastischen Friesentorte, bis hin zum typischen Dessert in Form von roter Grütze. Dazwischen vielleicht eine gebratene Scholle. Nun aber nichts wie raus. Das Wetter ändert sich im Stundentakt, und man entwickelt eine gewisse Nonchalance gegenüber dieser Tatsache, die sich nun mal nicht ändern lässt. »Dann ist das eben so!«, weiß der Nordfriese.

Wenn im *Anker's Hörn* keine E-Bikes mehr verfügbar sind, können Räder, Pedelecs oder ein E-Auto auf der Rixwarf ausgeliehen werden – um jeden Winkel der Hallig zu entdecken, die Restaurants, Cafés und das Museum.

81

Halligtörn ab Schlüttsiel
Ableger Fährhafen:
Schlüttsiel 1
25842 Ockholm

AHOI, KAPITÄN!

Halligtörn ab Schlüttsiel

Der Hafen Schlüttsiel vermittelt mit seiner Ruhe und Gelassenheit schon einen Vorgeschmack auf das Halligleben. Am Anleger schaukeln die Ausflugsschiffe *MS Rungholt* und *MS Seeadler* sachte im Wasser, schemenhaft sind die Umrisse der Halligen am Horizont zu erkennen. Ab an Bord also.

Einige Passagiere haben bereits Platz genommen und erfreuen sich am Würstchenangebot der Kombüse. Auf dem Weg gibt der Kapitän ein paar Fakten zum Besten: Hallig Gröde wird bis zu 25 Mal im Jahr vom Meer überspült. Seine Bewohner leben allesamt auf der Knudtswarft, die bei Sturmflut als Einzige aus dem Wasser ragt. Dann öffnet sich ein kleines Zeitfenster für die Entdeckung dieses grünen Fleckens Erde im Wattenmeer. Die Wege sind flach und schmal, das Leben auf Gröde autofrei und überschaubar. Die drittgrößte Hallig Nordfrieslands verfügt immerhin über 252 Hektar Land, da die ehemalige Hallig Appelland angedockt hat. Das im Schulhaus versteckte heimelige Kirchlein St. Margarethen aus dem 18. Jahrhundert lädt zum Besuch ein. Andere Gäste ziehen zielstrebig weiter zu *Monikas Kiosk*, um das Hallig-Gebäck *Knerken* zu erstehen. Oder in den Keramikladen der Künstlerin Annabelle, für deren Postkarten auch das Pensionsvieh der Hallig Modell stand.

Eine Stunde später schaukeln wieder alle gemeinsam übers Wasser und nähern sich der Hallig in Törtchenform: Oland. Die schmucken, von Stauden gerahmten Häuser schmücken die Warft in der Mitte. Wer den einfachen Wegen folgt, erkennt nicht immer, wo der öffentliche Bereich endet und der private beginnt. Die Nähe ist groß, auf den kleinen Halligen muss man seine Nachbarn mögen. Auf Gröde wie Oland ist die Langsamkeit zu Hause. Und auf keinem Landflecken duftet das Meer so intensiv wie hier.

Wer die Törn im Juli unternimmt, kann den Halligflieder in voller Blüte erleben. Vor allem auf Gröde breitet sich die Salzwiesenpflanze wie ein lilafarbener Teppich aus.

82

Pellworm Weststrand
Alte Kirche
25849 Pellworm

PelleWelle Freizeitbad
Uthlandestraße 6
25849 Pellworm
04844 990449
www.pellworm.de

SCHAFE IM SONNENUNTERGANG

Weststrand an der Alten Kirche

Pellworms Strände sind im Winter unsichtbar. Allesamt grün, sind sie dem Deich abgetrotzt, der die Marschinsel säumt und vor Hochwasser schützt. Im Sommer ist jeder Badebereich am wichtigsten Mobiliar zu identifizieren, den Strandkörben. An windigen Tagen lässt sich darin bequem Zeit mit einem Buch verbringen, ohne auf den Meerblick zu verzichten.

Rund um Pellworm verteilen sich mehrere Strände, so steht *Hörn* nahe der Nordermühle bei FKK-Liebhabern hoch im Kurs. Die Badestelle am Anleger *Hooger Fähre* im Norden ist wie die am Leuchtturm beliebt bei Familien. Um die Ruhe und den Sonnenuntergang zu genießen, bietet sich der schöne Abschnitt hinter der Alten Kirche im Westen an. Der Weststrand ist umzäunt, Schafe haben keinen Zutritt. Mit rhythmischem Rupfen des Grases und gelegentlichem Blöken ziehen sie vorbei. Bei Hochwasser vermischen sich ihre Rufe mit dem Plätschern der Wellen. Kaffee und Kuchen oder herzhafte Gerichte bietet unweit das *Restaurant zur Alten Kirche*.

Auf Pellworm ist das Baden gezeitenabhängig. Einmal bei auflaufender Flut im Meer, gibt bisweilen der Untergrund unter den Füßen leicht nach. Keine Sorge, Schlick gilt als gesunde Materie. Mutige zieht es beizeiten auf eigene Faust zum Wattwandern hinaus, zur Sicherheit sollte davor der Tidenkalender geprüft und jemand informiert worden sein, etwa im Hotel. Am besten schließt man sich einer geführten Tour an, auch um Schlicklöcher zu vermeiden. Von allen nordfriesischen Inseln gilt Pellworm als diejenige mit der höchsten Intimität. Die Nachricht einer Seehundsichtung am Strand kann sich wie ein Lauffeuer verbreiten.

Abends füllt sich der Deich im Westen erneut, alle warten auf den Sonnenuntergang. Langsam senkt sich der Feuerball über das Wasser, in der Ferne blinkt der Amrumer Leuchtturm. An warmen, windstillen Tagen ist mit etwas Glück das Meeresleuchten zu erleben.

Bei Regenwetter bietet sich das Freizeitbad *PelleWelle* an, wo man nicht nur schwimmen oder saunieren, sondern auch Kurse besuchen kann.

88

Rungholtmuseum
Hellmut Bahnsen
Westerschütting 2
25849 Pellworm
04844 569

Schipperhus Pellworm
Tammensiel 26
25849 Pellworm
04844 9902266
www.schipperhus-pellworm.de

DER VERSCHWUNDENE ORT

Rungholtmuseum

Manchmal gibt das Meer Kulturgeschichte preis. Wer auf Pellworm eine Wattwanderung unternimmt, stößt hin und wieder auf die Spuren untergegangener Siedlungen, an bestimmten Orten ist das Watt voll davon. Bei dem Pellwormer Hellmut Bahnsen lösten die ersten Funde Anfang der 1970er-Jahre eine wahre Sammelleidenschaft aus. Nun sitzt der Rentner im eigenen Museum auf seinem Grundstück, freut sich über Interessenten und beantwortet gerne Fragen. An bestimmten Tagen führt er durch die Ausstellung, siehe Veranstaltungskalender der Insel.

Schätze wie Tonscherben, Krüge und Knochen hat Bahnsen nach den Fundorten im Watt vor der Alten Kirche, in Buphever und Waldhusen sortiert. Was wie ein wildes Sammelsurium wirkt, hat System. Seine erste Entdeckung? Eine Scherbe aus dem 18. Jahrhundert, in den 1970er-Jahren war das. Schon 1980 hatte Bahnsen genug zusammengetragen, um ein kleines Museum in Westerschütting neben seinem Wohnhaus zu eröffnen. Eigentlich war der Hobby-Archäologe mal Fischer und arbeitete lange Zeit als Küstenschützer. In die Geschichte der Gegend hat sich der Autodidakt eingelesen, und zu Rungholt hat er seine eigene Meinung. Manche verorten die untergegangene Stadt im Norden, andere im Westen von Südfall. Laut Bahnsen liegen die Überreste größtenteils unter der Hallig.

Einst bildeten die Inseln Pellworm und Nordstrand eine Einheit: Die Landschaft Strand war von zahlreichen Wasserläufen durchzogen. Doch nicht nur die großen Sturmfluten rissen sie auseinander, auch der vom Menschen betriebene Salztorfabbau begünstigte die Entwicklung. Ein Mythos rankt sich um die versunkene Stadt. War Rungholt ein lebhafter Handelsort? Heute ist es so still wie das Watt. Wenn manche Leute behaupten, dass hin und wieder Kirchenglocken zu hören seien, schüttelt Bahnsen nur den Kopf.

Heiße Waffeln und Kuchen gibt es gleich neben dem Rungholtmuseum im Café *Elfenland*. Das Tammensieler *Schipperhus* hat seine Schwerpunkte auf gute Weine sowie Bücher der Region gelegt. So lässt sich ein Tag an der frischen Luft gemütlich abschließen.

84

Wattwanderung zur Hallig Süderoog
Treffpunkt WW4
25849 Westerschütting/ Pellworm

Kur- und Tourismusservice Pellworm
Uthlandestraße 6
25849 Pellworm
04844 18940
www.pellworm.de

MIKROKOSMOS HALLIG

Wattwanderung ab Pellworm

Knud Knudsen trifft die bunt gemischte Gruppe an der Abgangsstelle *WW4* im Südwesten von Pellworm. Sogar Hunde sind dabei. Der Hallig-Postbote läuft die sechs Kilometer bis nach Süderoog sommers wie winters mehrmals in der Woche und kennt quasi jeden Wattwurm beim Namen. Heute begleiten wir ihn auf einer Wanderung zum Landflecken im Watt.

Zunächst macht er uns auf einen Priel aufmerksam; das Wasser würde an dieser Stelle bis zum Knie reichen. An anderen Stellen wate man hingegen knöcheltief durch den Schlick. Manche der Anwesenden laufen barfuß, andere haben sich für Wattschuhe entschieden. Angenehm und gesundheitsförderlicher ist gewiss erstere Option, doch wer empfindliche Sohlen hat, könnte unter Muschelschalen leiden. Knud nicht. Der Mittsechziger legt ein gewisses Tempo vor, denn vor der auflaufenden Flut muss die Gruppe wieder zurück auf Pellworm sein.

Zu Sonnencreme und Hut sei geraten bei der Wanderung, da das Watt die Sonnenstrahlung stark reflektiert. Während des Spaziergangs kommen wir schnell mit anderen ins Gespräch, so vergeht die Zeit wie im Flug. Die auf Süderoog lebende junge Familie empfängt ihre Gäste mit Kaffee und Kuchen – oder Suppe, je nachdem, was Knud im Vorfeld geordert hat. Der frische Zitronenkuchen schmeckt köstlich.

Leider steht uns nur eine Stunde zur freien Verfügung. Wer mag, begleitet nach der Stärkung die Bewohner durchs Haus und erfährt dabei einiges über das Leben und die Arbeit mitten im Wattenmeer. Es ist ein eigener Mikrokosmos, allein wegen der Tiere des Archehofs und der Wildvögel. Vor allem im Winter, wenn die Familie keine Gäste empfängt. Umso mehr bringt dann der Sommer. Und wer den Weg durchs Watt zu Fuß scheut, kann an bestimmten Tagen auch mit einem Boot anreisen – je nach Tide.

Zwischen Juni und September kann man Konzerte bei Kerzenschein erleben, wenn europäische Musiker die Arp Schnitger zugeschriebene Orgel in der Alten Kirche Sankt Salvator auf Pellworm zum Klingen bringen.

85

Kutschfahrt zur Hallig Südfall
Startpunkt:
Strand Fuhlehörn
Westen 93
25845 Nordstrand
04842 300
www.wattenkutscher.de

IM TRAB DURCHS WATT

Kutschfahrt ab Nordstrand

Die Fjordpferde ziehen an, gemächlich ruckelt die Kutsche ein Stück den Deich hinunter und schließlich auf einen steinigen Pfad. Unser Ziel ist die Hallig am Horizont.

Für die sieben Kilometer lange Strecke werden wir etwa eine Stunde mit der Kutsche benötigen. Südfall liegt in der Schutzzone 1. des Nationalparks, die nur mithilfe der Pferde oder bei einer geführten Wanderung besucht werden kann. Wir erreichen das Watt, wo der Meeresboden noch im Morgenlicht glitzert. Wo nichts ist, so weit das Auge reicht. Das legendäre Rungholt liegt irgendwo in der Nähe unter der Erde, zwischen Südfall und Pellworm. Ausgelöscht im 14. Jahrhundert. Mit der Großen Mandränke von 1362 entstand Südfall gemeinsam mit Nübell und Nielandt, die in späteren Sturmfluten jedoch wieder von der Landkarte verschwanden.

Südfalls einzige Warft, die wir schon von Weitem ausmachen können, wurde im 19. Jahrhundert errichtet. Als wir uns dem Landflecken nähern, durchbricht ein Chor von Vogelstimmen die Stille. Deutlich erkennbar darunter die Austernfischer mit ihren charakteristischen Trillerlauten.

Insgesamt misst die Hallig gerade einmal 56 Hektar. Aber für Gunda und Gonne Erichsen reicht das völlig aus. Zwar schlickt das Land langsam auf, doch ohne menschliches Zutun wäre Südfall längst verschwunden. Von März bis November wohnt die Vogelwartin mit ihrem Mann mitten im Watt, beide sind im Küstenschutz aktiv.

Wir dürfen nun den Ziegen und Schafen »Moin« sagen. Einige Gäste zieht es gleich zu Kaffee und Kuchen oder gar zu herzhaften Gerichten. Uns reizt, einen Blick durch ein aufgestelltes Spektiv zu werfen und Brutvögel aus der Ferne zu bewundern. Rasch ist die Zeit auf der Hallig abgelaufen, wir müssen den fragilen Flecken Erde noch bei Niedrigwasser verlassen.

Die insgesamt dreieinhalbstündige Tour beginnt und endet am Strand von Fuhlehörn, der nach der Tour noch zum Barfußlaufen einlädt.

86

Die Lange Anna auf
Helgoland
(April–Oktober)
Ableger Ausflugsschiffe:
Helgolandkai
25761 Büsum

Tourist-Information
Lung Wai 27
27498 Helgoland
04725 808808
www.helgoland.de

Zur roten Felseninsel

Tagesausflug ab Büsum

Menschen fast aller Regionen haben Lieblingsplätze in ihrem Kopf, sind aber noch nie dort gewesen, obwohl sie vor der Haustür liegen. Der Grund: Man kann ja jederzeit dorthin fahren.

Auch bei mir hat es ein halbes Leben gedauert, bis ich zum ersten Mal auf Helgoland war. Dabei ist die Insel von Dithmarschen aus recht einfach zu erreichen, da während der Saison von Büsum aus täglich Tagesfahrten zur »Roten Insel« angeboten werden. Durch ihre übersichtliche Größe ist die Insel während des drei- bis vierstündigen Aufenthalts leicht zu erkunden.

Die Insel mit den roten Buntsandsteinformationen beeindruckt durch ihre landschaftliche Schönheit, die sich am besten durch den Rundweg entlang der 50 Meter hohen Steilküsten erschließt. Der Weg führt auch an der Langen Anna vorbei, einer 47 Meter hohen, freistehenden Felsnadel am nördlichen Ende der Insel.

Auch Naturliebhabern bietet die Insel einige Besonderheiten, die sie sonst nirgends in Deutschland antreffen können. Beeindruckend sind die zahlreichen Seevögel, die in den steil zum Meer abfallenden Klippen brüten und zum Teil aus nächster Nähe zu beobachten sind. Neben Dreizehenmöwen, Tordalken, Eissturmvögeln und Trottellummen brüten hier auch Basstölpel, die größten Seevögel des Nordatlantiks. Auch die Düne wartet mit einem besonderen Naturerlebnis auf. Aus nur wenigen Metern Entfernung lassen sich Seehunde und Kegelrobben beobachten – an manchen Tagen sind es bis zu 500 Stück.

Über Helgoland hält sich hartnäckig die Meinung, Deutschland hätte die Insel einst gegen Sansibar getauscht. Doch Sansibar war nie eine deutsche Kolonie. Vielmehr war es so, dass das kaiserliche Deutschland in einem 1890 mit Großbritannien geschlossenen Vertrag auf Gebietsansprüche in Afrika verzichtete. Als Ausgleich gab das Vereinigte Königreich die 1807 von britischen Truppen besetzte Insel an Deutschland zurück.

Wer Helgoland besucht, sollte auf jeden Fall den inseltypischen Knieper probieren. Die Scheren des Taschenkrebses sind eine Spezialität Helgolands.

87

Helgoland-Düne
Ableger: Landungsbrücke 5
27498 Helgoland

Helgoland Tourismus-Service
im »Atoll«
Lung Wai 27
27498 Helgoland
04725 808808
www.helgoland.de

DAS SÜSSE NICHTSTUN

Nebeninsel Düne

Es gibt nur einen Weg zur Düne: mit dem Boot. Die kleine Fähre pendelt zwischen der Haupt- und der Nebeninsel hin und her. Einst bildeten Helgoland und das heutige Badeparadies eine Einheit, doch im 18. Jahrhundert brach der Wall aus Sand und Kreide. Im Jahr 2011 entschieden die Helgoländer sich gegen die Idee, den Wall künstlich aufzuschütten. So bleibt die Düne abseits der tagestouristischen Ströme, was für Mensch und Tier besser ist.

Wer am Anleger aussteigt und nach rechts geht, wird die Robben schnell erblicken. Schuhe aus, und ab in den Sand! »Bitte 30 Meter Abstand halten«, heißt es auf den Schildern. Nicht selten ist ein Ranger zugegen, an dieser Stelle oder ein Stück weiter, wo sich die Seehunde zu den Kegelrobben gesellen. Stundenlang könnte man den Meeressäugern zuschauen und zuhören. Ihr Repertoire reicht vom Schnarchen und Grunzen bis hin zum Bellen. Manchmal sieht es so aus, als würden sie begeistert in die Flossen klatschen, manchmal klopfen sie sich selbstzufrieden auf den wohlgerundeten Bauch. Genüsslich strecken sie sich der Sonne entgegen und scheinen allein durch ihre Körperhaltung auszudrücken: Das Leben ist schön.

Zieht man weiter den Strand entlang, schiebt sich der rot-weiß gestreifte Leuchtturm ins Blickfeld, die Strandkörbe, die Beachvolleyball-Spieler. Zur Linken ein Strandlokal. Der Südstrand bietet einiges. Und Helgoland profitiert vom Golfstrom, ist stolz auf seine Sonnenstunden, die milden Winter und die nie zu heißen Sommer. Nun ist es an der Zeit, das Handtuch im Sand auszubreiten oder sich direkt umzuziehen und ins türkisblaue Wasser einzutauchen. Im ersten Moment erscheint das Wasser recht frisch, was an warmen Tagen jedoch die reinste Wohltat ist. Besser als in der Karibik.

Noch schöner ist es, anschließend auf der Düne zu übernachten. Neben den bunten Holzhäusern haben auch die prämierten *Wikkelhouses* Platz gefunden, ökologische Kleinsthäuser aus Holz, Flachs und Pappe.

TEXTVERZEICHNIS

Die Textseiten teilten sich die Autorinnen und der Autor folgendermaßen auf:

Karen Lark: 21, 23, 39, 41, 49, 53, 61, 63, 65, 81, 109, 111, 125, 127, 141

Elke Weiler: 13, 17, 19, 27, 33, 55, 83, 87, 117, 123, 129, 131, 133, 135, 137, 139, 143, 145, 149, 151, 153, 155, 157, 159, 161, 163, 165, 167, 169, 171, 173, 175, 177, 179, 181, 183, 185, 189

Constanze Wilken: 79, 85, 89, 91, 93, 95, 97, 99, 101, 103, 105, 107, 113, 115, 119, 121

Werner Siems: 15, 25, 29, 31, 35, 37, 43, 45, 47, 51, 57, 59, 67, 69, 71, 73, 77, 187

BILDVERZEICHNIS

Pixabay License/neelam279 10
Elke Weiler 12, 16, 18, 26, 32, 54, 82, 86, 116, 122, 128, 130, 132, 134, 136, 138, 144, 148, 150, 152, 154, 156, 158, 160, 162, 164, 168, 170, 172, 174, 176, 178, 180, 182, 184, 188
Elke Weiler©Nolde-Stiftung 142
Werner Siems 14, 24, 28, 30, 34, 36, 42, 44, 46, 50, 56, 58, 66, 68, 70, 72, 76, 78, 98, 186
Karen Lark 20, 22, 38, 40, 48, 52, 60, 62, 64, 80, 108, 110, 124, 126, 140
Pixabay License/WolfBlur 74
Constanze Wilken 84, 88, 90, 92, 94, 96, 100, 102, 104, 106, 112, 114, 118, 120
Pixabay License/hpgruesen 146
Lukas Spoerl 166

WEITERE LIEFERBARE Lieblingsplätze

ISBN 978-3-8392-0044-5

ISBN 978-3-8392-2613-1

ISBN 978-3-8392-2837-1

ISBN 978-3-8392-2616-2

ISBN 978-3-8392-2632-2

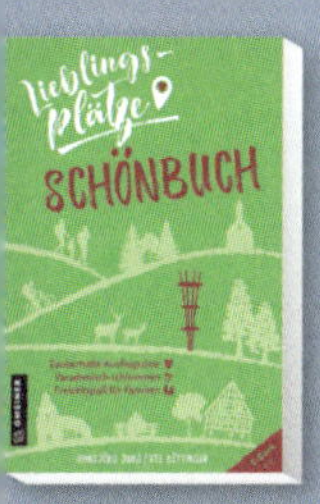

ISBN 978-3-8392-2731-2

ISBN 978-3-8392-2732-9

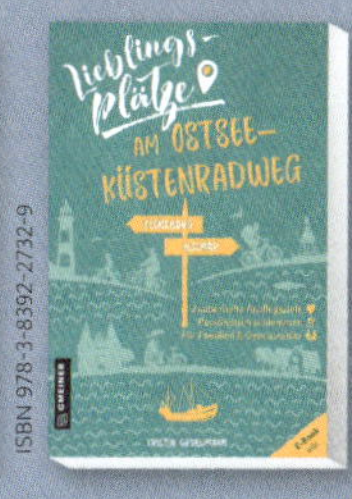

ISBN 978-3-8392-2628-5

ISBN 978-3-8392-2621-6

ISBN 978-3-8392-2625-4

ISBN 978-3-8392-2838-8

ISBN 978-3-8392-2630-8

ISBN 978-3-8392-2631-5

ISBN 978-3-8392-2929-3

ISBN 978-3-8392-2932-3

ISBN 978-3-8392-2931-6

ISBN 978-3-8392-2925-5

ISBN 978-3-8392-2622-3

ISBN 978-3-8392-2619-3

ISBN 978-3-8392-2618-6

ISBN 978-3-8392-2615-5
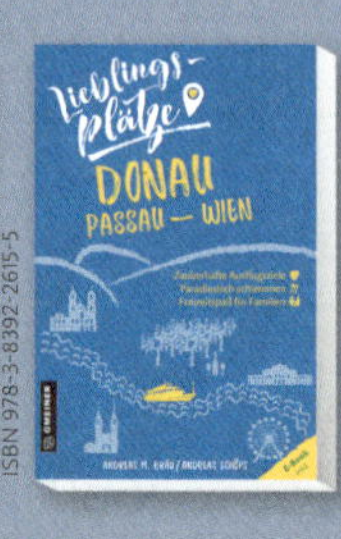

ISBN 978-3-8392-2629-2
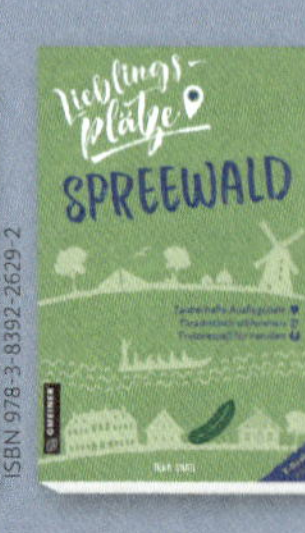

ISBN 978-3-8392-2734-3

ISBN 978-3-8392-2627-8

ISBN 978-3-8392-2617-9

ISBN 978-3-8392-2635-3

ISBN 978-3-8392-2633-9

ISBN 978-3-8392-2612-4

ISBN 978-3-8392-2405-2

ISBN 978-3-8392-2614-8

ISBN 978-3-8392-2839-5

ISBN 978-3-8392-2624-7

ISBN 978-3-8392-2623-0

ISBN 978-3-8392-2611-7

ISBN 978-3-8392-2545-5

ISBN 978-3-8392-2620-9

ISBN 978-3-8392-2634-6
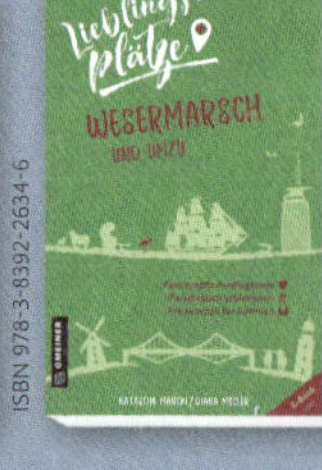

ISBN 978-3-8392-2930-9

ISBN 978-3-8392-2927-9
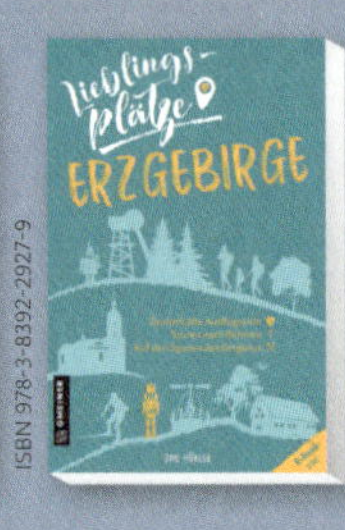

ISBN 978-3-8392-2926-2

ISBN 978-3-8392-2924-8
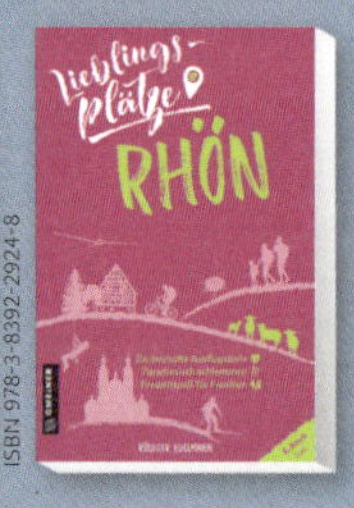

ISBN 978-3-8392-0043-8